D1730496

Uschi Kurz/ Thomas de Marco

DUNKLE GESCHICHTEN AUS
Reutlingen

Bildnachweis

Thomas de Marco: S. 6, S. 8, S. 18, S. 33, S. 41, S. 50, S. 70, S. 73, S. 74, S. 75; Walter Kleinfeldt: S. 22, S. 23, S. 24;Stadtbibliothek Reutlingen: S. 27; Stadt Reutlingen: S. 36; Wikipedia gemeinfrei: S. 47; Dieter Baral: S. 78 Autorenfoto Thomas de Marco: Fotograf Sommer.

Danksagung

Unser herzliches Dankeschön für die Kooperation geht an Wolfgang Alber, Anke Bächtiger, Sven Föll, Gerhard Henzler, Ulrike Hotz, Werner Kleinfeldt, Heinz Lenhart, Andrea de Marco, Tilmann Marstaller, Beate Meinck, Werner Ströbele, Arno Valin sowie Jürgen Hörsch und seinem Team von der Stadtentwässerung. Bedanken möchten wir uns ferner für die Unterstützung durch das Reutlinger Stadtarchiv, die Reutlinger Stadtbibliothek, die Reutlinger Stadtmarketing GmbH, das Tiefbauamt sowie die Pressestelle der Stadt Reutlingen.

1. Auflage 2018
Alle Rechte vorbehalten, auch die des auszugsweisen
Nachdrucks und der fotomechanischen Wiedergabe.
Umschlaggestaltung: r2 | Ravenstein, Verden
Layout und Satz: Schneider Professionell Design, Schlüchtern-Elm
Druck: Druckerei Zimmermann Druck + Verlag GmbH, Balve
Buchbinderische Verarbeitung: Buchbinderei S. R. Büge, Celle
© Wartberg-Verlag GmbH
34281 Gudensberg-Gleichen, Im Wiesental 1
Tel. 0 56 03 - 9 30 50 www.wartberg-verlag.de
ISBN 978-3-8313-3227-4

Inhalt

Im Planetarium hängt der Himmel voller Geschichten

von Thomas de Marco

Jeden Samstag können es 20 bis 40 Leute in Reutlingen kaum erwarten, bis die Dunkelheit über die Stadt hereinbricht. Sie sind gekommen, um sich in der Sternwarte die Gestirne am Nachthimmel erklären zu lassen oder den Mond ganz nah zu sehen. Dafür geht es erst einmal mit dem Aufzug vier Stockwerke nach oben auf das Dach einer Schule, wo aus zwei Kuppeln die Teleskope gen Himmel gerichtet werden. Gut 3000 Menschen sind es jedes Jahr, die an den Samstagen und bei vielen Sonderführungen durchs Teleskop schauen oder im Planetarium an die Decke projizierte Sternbilder bewundern. Die Volkssternwarte macht ihrem Namen alle Ehre.

Begonnen hat alles 1956: Lange Zeit hatte Joachim Herrmann, der Sohn des Komponisten Hugo Herrmann, aus seiner Wohnung heraus mit einem Teleskop die Sterne beobachtet. Immer mehr Bekannte wollten ihn besuchen, um dies auch zu erleben. Sein Haus wurde zum Observatorium. Deshalb fragte Herrmann bei der Stadt nach, ob die nicht eine Sternwarte einrichten könnte. Auf dem Dach des neu gebauten Technischen Gymnasiums war Platz und bald thronte eine Kuppel auf dem Schulgebäude. In Reutlingen waren sie begeistert vom Blick in den Nachthimmel: 1956 kamen im Eröffnungsjahr rund 5000 Leute in die Sternwarte – mehr als in Berlin zu dieser Zeit im dortigen Observatorium gezählt wurden, berichtet Heinz Lenhart, der Leiter der Reutlinger Sternwarte.

Diese ist heute die einzige in ganz Baden-Württemberg, die neben dem Observatorium ein Planetarium besitzt. Die Gäste erleben den fast schon psychedelisch angehauchten Teil der

Führung: Zu Musik von Pink Floyd geht an der Projektionsfläche die Sonne unter, über den Köpfen tauchen die Sterne auf. Der Raum ist eine perfekte Illusionsmaschine. Der Himmel hängt nicht nur voller Sterne, er ist voller Geschichten, die während der Führungen von den Mitarbeitern des Sternwarte-Teams mit der ganzen Leidenschaft des Liebhabers erzählt werden. Gestirne werden mit Strichen zu Tieren oder Gestalten aus der Mythologie verbunden. Dem staunenden Publikum wird gezeigt, wie Babylonier, die alten Ägypter und die Griechen in der Antike aus den Lichtpunkten Sternbilder wie den Großen Bären, Cassiopeia, Adler, Großer Hund sowie die zwölf Tierkreiszeichen zusammengesetzt haben. Die meisten dieser Sternbilder waren früher wichtig für Orientierung und Navigation. Immer neue Gestirne und deren Deutung werden im Reutlinger Planetarium sichtbar, während der Nachthimmel im Zeitraffer über den Köpfen hinwegzieht, bis die Sonne wieder aufgeht.

Eine Gruppe von 16 ehrenamtlichen Freunden der Astronomie betreut die Reutlinger Sternwarte, die vom 1918 gegründeten Verein für Volksbildung und damit von der Volkshochschule betrieben wird. Neben den Führungen richtet die Gruppe größere Feiern und Kindergeburtstage in der Sternwarte aus. Gut 175 Veranstaltungen kommen im Jahr zusammen, die von der kleinen Gruppe gestemmt werden. Um auch andere für die Astronomie zu begeistern, investieren die Mitglieder viel Freizeit.

Wenige Jahre nach dem 50. Geburtstag hat die Sternwarte einen großen Schub bekommen: 2010 wurde eine zweite, größere Kuppel gebaut mit einem modernen Spiegelteleskop, das tiefe Blicke ins Weltall möglich macht. In dem kleinen Dom mit einem Durchmesser von 5,30 Metern haben 25 Leute Platz, um einen Blick durch dieses Teleskop werfen zu können oder während der Wartezeit den Nachthimmel per Beamer-Projektion

Zwei Kuppeln thronen auf dem Dach des Technischen Gymnasiums und laden zum Blick in den Nachthimmel ein.

anzuschauen. Damit wird das Observatorium seinem Anspruch, als Volkssternwarte möglichst viele Menschen nach den Sternen schauen zu lassen, weiter gerecht. In die Kuppel aus der Entstehungszeit passen 15 Personen.

2012 war die Reutlinger Sternwarte die erste in Deutschland, die einen Omniglobe angeschafft hat, sagt Leiter Lenhart. Ein Computer projiziert die verschiedensten Programme auf diesen Globus, die Leinwand ist eine Kugel. Wenn der Himmel während einer Führung bedeckt ist, geht der Mond eben im Saal mit dem Omniglobe auf. Doch nicht nur die Himmelskörper leuchten: Das aktuelle Wetter rund um den Erdball kann auf der Kugel gezeigt werden. Oder wie sich die Oberfläche der Erde durch die Plattentektonik verändert. Nach der Kontinentaldrift der vergangenen 600 Millionen Jahre schaut der Omniglobe 100 Millionen Jahre voraus. Für Australien hat er überhaupt keine gute

Perspektive zu bieten: In 50 Millionen Jahren ist der Kontinent untergegangen, weil er sich kontinuierlich senkt.

Kürzere geologische Zeiträume haben die verschiedenen Eiszeiten und Warmphasen geprägt, die ebenfalls auf den Omniglobe projiziert werden können. Möglich ist sogar eine Zeitreise zurück ins Jahr 1492 nach Nürnberg, damals das geistige Zentrum Mitteleuropas. Bereits drei Monate, nachdem Christoph Kolumbus von seiner Entdeckungsfahrt zurückgekehrt war, hatte der Tuchhändler Martin Behaim die mit Boten eingetroffenen Schilderungen der Reise verarbeitet und einen Globus angefertigt. Doch in der Welt, die er abgebildet hat und die in den Reutlinger Omniglobe eingespielt wird, fehlt Amerika komplett. Schließlich war Kolumbus davon ausgegangen, er sei wie geplant in Asien gelandet.

Der Blick ins Weltall und der Reiz kosmischer Sphären hat ebenfalls die Macher des Reutlinger Theaters „Die Tonne" fasziniert. Intendant Enrico Urbanek hat die Sternwarte als poetischen Ort ausgemacht, an dem sich Wissenschaft und Kunst treffen sollten. Dafür hat er das Team des Observatoriums nicht lange überreden müssen. Normale Sternwartebesucher würden vor allem naturwissenschaftliches Interesse mitbringen, sagte Lenhart. „Deshalb haben wir sie mit Theaterpublikum zusammengeführt. Das war ein bereichernder Austausch, von dem beide Seiten profitiert haben." Dazu wurden die Führungen durch die Sternwarte mit kosmischer Live-Musik und mit Texten, die eine Schauspielerin des Theater-Ensembles vortrug, angereichert – das Stück „Sternsüchtig" war geboren. Höhepunkt der „poetisch-wissenschaftlich-klangvollen Reise auf der Milchstraße", so der Untertitel, war die Versteigerung von Parzellen auf dem Mond. Ohne Anspruch auf Rechtmäßigkeit des Erwerbs, versteht sich. 15-mal wurde „Sternsüchtig" aufgeführt, jedes Mal waren die Vorstellungen mit 60 Personen restlos ausverkauft.

Die wachsende Beliebtheit und die immer bessere Ausstattung der von ihm gegründeten Sternwarte hat Joachim Herrmann nur aus der Ferne mitbekommen. Der Astronom und Autor zahlreicher Fachbücher hatte sich 1956 bei der Stadt Reutlingen vergeblich um eine Festanstellung als Leiter des neuen Observatoriums bemüht. Deshalb verließ er Reutlingen: Erst ging er als wissenschaftlicher Leiter der Wilhelm-Foerster-Sternwarte nach Berlin, dann wechselte Herrmann nach Recklinghausen, wo er ebenfalls eine Sternwarte mit Planetarium aufbaute. „Reutlingen hat damals eine große Chance verpasst", sagt der heutige Leiter Lenhart.

So oder so, es kann sich sehen lassen, was aus den bescheidenen Anfängen in der Nachkriegszeit entstanden ist. Dabei ist dem Sternwarte-Team wichtig, die Gäste während der Führungen einzubeziehen. So dürfen die Besucherinnen und Besucher

Das moderne Spiegelteleskop.

nach der Demonstration der Mondphasen an einem Modell alles fragen, was sie am Mond interessiert. Entstanden ist dieser durch einen Meteoriteneinschlag, der einen Teil der Erde wegsprengte. Und nein, bei Vollmond muss niemand schlechter schlafen. Studien zu diesem Mythos hätten ergeben, dass der Mond keinen direkten Einfluss auf unser Schlafverhalten hat. Der Himmelskörper beeinflusst lediglich die Ozeane und wirkt sich auf Ebbe und Flut aus. Rein wissenschaftlich betrachtet, ist der Mond also unschuldig – aber die Psyche vieler Menschen lässt sich davon wohl nicht beeinflussen.

Gut zwei Stunden dauert so eine Führung, die Zeit geht aber scheinbar rasend schnell vorbei. Viele Kinder im Alter zwischen acht und zwölf Jahren sind dabei, wenn in Reutlingen in den Nachthimmel geschaut wird. Nicht wenige kommen regelmäßig in die Sternwarte, nicht zuletzt, weil die Schwerpunkte der Führungen ständig wechseln. Oder einfach, um vor Beginn der Sternentour den außergewöhnlichen Blick über die Dächer der Stadt zu genießen, bevor die Dunkelheit über Reutlingen hereinbricht und die Gestirne sichtbar werden.

O Reutlingen, dein Sünd, dein Brand

von Uschi Kurz

Feurio, Feurio gellte es am Abend des 23. September 1726 durch die Reutlinger Unterstadt. Zu dem Zeitpunkt wusste noch niemand, dass es der schwärzeste Montag in der Geschichte der Freien Reichstadt werden sollte. Das Feuer brach im Haus des Schusters Friedrich Dürr, der in unmittelbarer Nähe der Nikolaikirche wohnte, aus und entwickelte sich zu einem Inferno, dessen Spuren heute an manchen Stellen noch deutlich erkennbar sind. Die Reutlinger Kulturhistorikerin Anke Bächtiger hat den Großen Stadtbrand anlässlich einer Gedenkfeier im Jahr 2006 untersucht. Seine genaue Ursache wurde demnach nie geklärt.

Vermutlich wurde das Feuer durch eine brennende Kerze verursacht, die durch einen Spalt in den darunterliegenden Vorratsraum gefallen war, in dem Stroh gelagert wurde. Es gab aber auch Gerüchte, dass ein Mädchen im Haus des Schusters einen brennenden Kerzenstummel fallen ließ, mit dem es ihrem Geliebten leuchten wollte.

Der Schuster versuchte zunächst mit seinen Hausbewohnern den Brand zu löschen. Als er endlich die Feuerwehr alarmierte, die lediglich drei Feuerspritzen besaß, war es bereits zu spät: Das Feuer hatte auf die Nachbarhäuser übergegriffen, und wenig später stand der ganze Straßenzug in Flammen.

Menschenketten wurden von den Mitgliedern der zwölf Zünfte gebildet, um mit den Wassereimern möglichst schnell die Feuerspritzen zu befüllen, doch alle Mühe war vergeblich. Die Häuser standen eng beieinander, die Gassen waren schmal. Um Grundsteuer zu sparen und möglichst viel Wohnraum zu schaffen ragten die Fachwerkgebäude in jeder Etage weiter in die

Straße hinein. Oft kamen sich die Giebel so nahe, dass man sich im oberen Stockwerk vom Fenster aus die Hand zum gegenüberliegenden Haus reichen konnte. Die Dächer waren mit Stroh oder Holzschindeln gedeckt. Dies alles erwies sich nun als fatal, denn die Flammen konnten nahezu ungehindert von Haus zu Haus springen.

In ihrer Not begannen die Reutlinger Häuser einzureißen, um ein Übergreifen des Feuers zu verhindern. Aber die Flammen wüteten weiter und es sollte noch schlimmer kommen. In der Nacht drehte der Wind und trug die Funken in die Stadtmitte hinein. Das Feuer fraß sich Richtung Marktplatz und am Dienstagmorgen standen der Spitalhof, das Renaissance-Rathaus und die benachbarten Bauten in Flammen. Obwohl erneut zahlreiche Gebäude eingerissen wurden, um dem Feuer die Nahrung zu nehmen, konnte es nicht gestoppt werden. Die Zerstörung machte nicht einmal vor dem Wahrzeichen der Stadt halt. Am Abend des 24. Septembers erreichten die Feuerfunken die Chortürme der Marienkirche. Bächtiger zitiert in ihrem Vortrag den Reutlinger Dichter Hermann Kurz, der in seinen „Erzählungen aus der alten Reichstadt" eindrückliche Worte fand: „Zum letzten Mal bewegten sich die Glocken, aber nicht von Menschenhand; sie läuteten sich selbst zu Grabe, bis sie mit furchtbarem Krachen herabstürzten und in dem Feuerofen zerschmolzen." Und in einer Chronik heißt es, dass die Steine des Hauptgebäudes der Marienkirche durch und durch glühten und „im Dunkeln wie brennende Kohlen aussahen". Das Gewölbe der Kirche blieb zwar erhalten, aber die komplette Einrichtung wurde zerstört. Auch der Goldene Engel auf dem Turm, der erst kurz zuvor ausgebessert worden war, wurde ein Raub der Flammen.

Und das Feuer wütete am dritten Tag weiter. Von der Marienkirche ging es Richtung Oberstadt. Entlang der Stadtmauer wurden vom Gartentor bis zum Albtor alle Gebäude in Schutt und Asche gelegt. Man befürchtete sogar, dass es die Stadtmauer überspringen könnte. Am Mittwochmittag machte das Feuer endlich vor dem Barfüßerkloster (dem heutigen Friedrich-List-Gymnasium) halt, nachdem es 38 Stunden ununterbrochen gebrannt hatte. Danach war die Freie Reichstadt, in der zu diesem Zeitpunkt rund 6000 Menschen lebten, nicht wiederzuerkennen: Vier Fünftel der Wohnhäuser waren zerstört, fast alle öffentlichen Gebäude (Rathaus, Schulen, Pfarrhäuser) vernichtet, über 1200 Familien obdachlos. Lediglich der Königsbronner Pfleghof (das heutige Heimatmuseum) und einige wenige weitere Häuser in der Innenstadt hatten dem Inferno standgehalten. Die Stadtmauer war stark beschädigt: Drei der fünf großen Tore, das Neue Tor, das Obere Tor und das Mühltor waren abgebrannt, über die Hälfte der Stadtmauerabdeckung mit Umlauf war zerstört. Erstaunlicherweise, so Bächtiger, habe es durch den Brand fast keine Toten gegeben: Ein 85 Jahre alter Schreiner sei ins Feuer gefallen und gestorben, zwei Kinder seien während der Geburt verstorben, vermutlich Frühgeburten, die durch den Schock ausgelöst wurden. Nach dem Erlöschen des Brandes herrschte das totale Chaos in der Stadt. Um Plünderungen zu verhindern, schickte Herzog Eberhard Ludwig von Württemberg, unter dessen Schirmherrschaft Reutlingen stand, eine Garnison nach Reutlingen.

Da der Winter vor der Tür stand, musste unverzüglich mit dem Wiederaufbau begonnen werden. Doch dafür wurde viel Geld benötigt. Der Gesamtschaden der Stadt betrug über 500 000 Gulden, allein für die Restaurierung des Marienkirchen-Turmes, schreibt Bächtiger, habe man 50 000 Gulden benötigt. Eine Kommission wurde gebildet, die eine groß angelegte Spendensammlung organisieren sollte. Gabriel Bodenehr, ein

Augsburger Kupferstecher, fertigte eine Darstellung des Stadtbrands, welche die Inschrift trug: „Oh Reutlingen, dein Sünd, dein Brand". Von Bodenehr stammt der „Bettelplan", in dem die vernichteten Straßenzüge und Häuser eingezeichnet waren. Der Rat der Stadt Reutlingen schickte Bürger mit Bittschreiben in andere Städte, aber die Erfolge ihrer Kollekte waren bescheiden. Nicht zuletzt deshalb, weil man den Stadtbrand als Strafe Gottes betrachtete. Die sündigen Reutlinger also an ihrem Elend selbst schuld waren. Am 27. Oktober 1726 hielt der Reutlinger Spitalpfarrer Michael Fischer eine denkwürdige Brand- und Bußpredigt. Auch Fischer sah den Stadtbrand als kollektive Strafe Gottes, weil die gesamte Stadt seine Gebote nicht eingehalten hatte.

Es gab aber einige Städte und Privatpersonen, die das sündige Reutlingen beim Wiederaufbau unterstützten. So erwähnt Bächtiger zwei Männer aus Augsburg und Nürnberg, die den gesamten Neubau der Lateinschule (das heutige Naturkundemuseum bei der Marienkirche) finanzierten. Die Gedenktafeln sind heute über dem Eingang zu sehen.

Beim Wiederaufbau orientierte man sich an den Vorgängerbauten. Es gab keinen Bebauungsplan. Der Stadtrat wies lediglich daraufhin, man solle darauf achten, dass dem Nachbarn kein Schaden entstand. Vieles wurde auf den steinernen Grundmauern der alten Häuser in Fachwerkbauweise fast genauso wieder aufgebaut wie es vorher war. Obwohl der Stadtbrand in die Zeit des Barock fällt, trägt der Wiederaufbau nicht dessen repräsentative Handschrift. Die Häuser waren einfach und bescheiden und hatten oft keine sehr gute Bausubstanz. Das lag schlicht und ergreifend daran, dass das nötige Geld fehlte. Die Freie Reichstadt hatte keinen finanzkräftigen Herrscher, der sein Säckel aufmachte.

Vieles, was von der Stadtmauer übrig war, wurde in den Folgejahren zerstört, weil man die Steine für die Neubauten verwendete. An einigen Stellen wurden die kleinen Häuschen sogar direkt an die Mauer gebaut, weil man sich so eine Wand sparen konnte. Einige dieser Stadtmauerhäuschen gibt es bis heute: liebevoll renoviert, zieren sie so manches Erinnerungsfoto der Touristen.

Was aber geschah mit dem armen Schuster, in dessen Haus der Große Stadtbrand fahrlässig seinen Anfang nahm? Er wurde zur Strafe mit seiner Familie für sechs Jahre aus der Stadt verbannt. Ob er jemals zurückgekehrt ist, ist nicht bekannt.

Der Große Stadtbrand aber hat sich tief ins kollektive Gedächtnis der Stadt eingeprägt. Es gibt kaum eine Stadtführung, in der er nicht zentrales Thema ist. Bei den baden-württembergischen Heimattagen im Juli 2009 wurde sogar eine „Stadtoper" aufgeführt, die die Tübinger Komponistin Susanne Hinkelbein über den Stadtbrand geschrieben hat. Ein schrilles musikalisch-theatralisches Spektakel für 500 Beteiligte, das an acht „Brandherden" aufgeführt wurde. Zum großen „Geistersuiten-Finale" versammelten sich die Mitwirkenden auf dem Marktplatz. Und alle waren Feuer und Flamme.

Der Zocker vom Amt

von Thomas de Marco

Irgendwann kam es den Angestellten der Steuerbehörde im Reutlinger Rathaus reichlich merkwürdig vor, dass ihr Chef selbst kleinste Fälle an sich zog und noch einmal bearbeitete. Als sich schließlich ein Mitarbeiter traute, den Verwaltungsbürgermeister darüber zu informieren, holte der sofort Polizei und Staatsanwaltschaft ins Haus und staunte nicht schlecht: Der Leiter der Steuerbehörde hatte über Jahre hinweg bei zwei Spielhallenbetreibern keine Gewerbesteuer kassiert oder bereits festgesetzte Forderungen samt Mahngebühren nachträglich auf null gestellt. Was die Geschichte so richtig brisant macht: Der leitende Beamte hat in den Hallen selbst an Automaten gespielt – und zwar regelmäßig, wie die Kriminalpolizei ermittelte.

Seine Aussetzer beim Steuereintreiben begründete der ertappte Amtsleiter vor Gericht einmal damit, dass er die Betreiberin einer der Spielhöllen vor der Insolvenz bewahren wollte. „Die Kuh, die man melkt, schlachtet man nicht", sagte der Beamte. Allerdings wusste die als Zeugin geladene Frau gar nicht, dass sie in wirtschaftlichen Schwierigkeiten gesteckt haben soll. Wohl aber, dass der Chef der Steuerabteilung oft in ihrer Spielhalle im Zentrum der Stadt während der Mittagspause an den Automaten saß. Mehr noch: Der Mann war mit der Besitzerin des Ladens per Du und hatte ihr sogar mehrfach Widerspruchsschreiben gegen Steuerforderungen aufgesetzt. Wer denn die Steuererklärung für die Spielhalle ausgefüllt habe, wollte der Richter von der Buchhalterin des Betriebs wissen. „Der Mann vom Rathaus", war die Antwort.

Im zweiten Fall erklärte der städtische Steuermann, wegen neuer EU-Richtlinien für die Branche habe er die Steuer auf Wunsch des Spielhallenbetreibers vorläufig nicht festgesetzt. Aus Fahrlässigkeit oder Schlamperei habe er den Vorgang aus dem Gedächtnis verloren, bis die Forderungen verjährt waren. Just an dem Tag, als die Staatsanwaltschaft die Ermittlungen gegen ihn aufnahm und sein Büro sowie die Wohnung durchsuchte, habe er die ausstehenden Steuerbescheide mit seinem Stellvertreter erlassen wollen. „Dann bin ich nicht mehr dazu gekommen", erklärte der Beschuldigte vor Gericht.

Viele ehemalige Kolleginnen und Kollegen des suspendierten Beamten verfolgten dessen Schilderungen vor dem Amtsgericht kopfschüttelnd. Der Leiter des Reutlinger Rechtsamts fing sich gar einen geharnischten Ordnungsruf vom Amtsrichter ein, als er vehement dagegen protestierte, dass bei dieser Verhandlung gar nicht alle Zeugen aussagen mussten. Aber schon nach Anhörung der Hälfte der geladenen Zeugen hielt der Staatsanwalt die Einlassungen des Angeklagten für widerlegt: Von geänderten EU-Richtlinien wusste der Betreiber einer der Spielhallen mitsamt seinem Anwalt gar nichts. Und eine drohende Insolvenz ihres Ladens stritt die ebenfalls so galant steuerlich begünstigte Besitzerin des anderen Automaten-Paradieses nachdrücklich ab.

Einsichtig war der überführte Amtsleiter deshalb aber noch lange nicht. Nach über 42 Jahren in Diensten der Stadt habe ihm nichts ferner gelegen, als dieser Schaden zuzufügen, sagte der entlassene Chef der Reutlinger Steuerabteilung. Das sah der Amtsrichter allerdings ganz anders. Als Kontrolleur, der selbst spielte, habe dieser Dienstliches und Privates nicht getrennt. Dabei sei der Stadt ein Schaden von mindestens 60 000 Euro entstanden. Letztlich habe sich der Beschuldigte rauslügen wollen. Deshalb wurde er zunächst zu einem Jahr und neun Monaten Haft auf Bewährung verurteilt. Er verlor seinen Beamtenstatus und somit seine Altersversorgung.

Dagegen wehrte sich der Amtsleiter und legte Rechtsmittel ein. Und da hatte der aufgeflogene Glücksspieler viel Glück: In der Revision wurde die Bewährungsstrafe auf zehn Monate reduziert. Seinen Arbeitsplatz im Rathaus hatte er allerdings schon lange verloren.

Der Hagelsturm von Reutlingen
von Thomas de Marco

Es ist der 28. Juli 2013, als sich gegen 17 Uhr der Himmel über Reutlingen verdunkelt und ein Unwetter über die Stadt niedergeht, das Schäden in einem zuvor noch nicht gekannten Ausmaß anrichtet: 15 Minuten lang durchschlägt Hagel in der Größe von Tennisbällen Dächer, sprengt den Putz von den Hauswänden, zerschießt Rollos und andere Plastikteile, zerstört Bäume und zerdellt das Blech Tausender Autos. Menschen, die den Zweiten Weltkrieg erlebt haben, fühlen sich in dieser Viertelstunde an Maschinengewehrfeuer erinnert. Die Straßen sind überall mit Zweigen und Ästen bedeckt, 900 Einsatzkräfte von Feuerwehr und Technischem Hilfswerk sind pausenlos im Einsatz, Verstärkung kommt aus ganz Baden-Württemberg. Insgesamt zählen die Verantwortlichen etwa 1850 Einsätze.
Erstaunlich, dass in diesem Inferno nur 75 Personen leichte Verletzungen wie Schnitte oder Platzwunden erleiden. Bemerkenswert auch die Disziplin und Hilfsbereitschaft, mit der sich die Menschen nach den 15 verheerenden Minuten der verhagelten Realität stellen. „Die Bevölkerung reagiert besonnen und verständnisvoll, auch wenn sie manchmal lange warten muss. Oft werden Arbeiten in Selbsthilfe abgeschlossen", sagt

Humor nach dem Hagelsturm: Kurz nach dem Unwetter klebte dieser Spruch an vielen Autos.

der Stadtbrandmeister nach dem größten Einsatz der Reutlinger Feuerwehr.

Am Ende des Tages, der mit Temperaturen bis zu 40 Grad viele Menschen ins Freibad oder zum Eisessen gelockt hatte, sind in der Region rund um Reutlingen mehr als 150 000 Häuser und Autos demoliert. Die Schäden werden auf bis zu drei Milliarden Euro geschätzt – mehr Werte hat nie zuvor ein Unwetter in Deutschland vernichtet. In großen Industriehallen fahren die geschädigten Autohalter mit ihren Fahrzeugen vor, wie am Fließband werden die verdellten Karosserien von Gutachtern taxiert.

Für das örtliche Handwerk wirkt der Hagelsturm wie ein himmlisches Konjunkturprogramm – und nicht nur für die. Denn Dachdecker, Stuckateure und Maler in und um Reutlingen haben bei Weitem nicht die Kapazitäten, um die Schäden zu beseitigen. Deshalb profitieren auch Handwerksbetriebe aus den angrenzenden Landkreisen und teilweise aus ganz Deutschland von der Zerstörungskraft der Naturgewalten. Und die Polizei muss vor Dachhaien warnen, die durch die Gegend reisen, um Pfusch am Bau zu überhöhten Preisen anzubieten.

Gern gesehen sind dagegen die Spezialisten aus ganz Europa, die in den Autohäusern Dellen aus dem Blech hochwertiger Neuwagen drücken. Sie nennen sich selbst Dellen-Doktoren oder Goldflaschner. An einer kleinen Delle arbeiten sie mit ihrem langen Hebelwerkzeug, das in einer Halterung am Türrahmen angebracht wird, etwa eine halbe Stunde, an größeren Einschlägen bis zu anderthalb Stunden. Obwohl die Dellen-Doktoren teilweise schon jahrelange Erfahrung mitbringen – so große und tiefe Beulen wie in Reutlingen haben sie vorher noch nie vorgefunden. Bevor der Hagelschaden eines Autos komplett ausgebessert ist, sind in der Regel zwischen vier bis acht Tage fällig. An einem Fahrzeug arbeiten meistens zwei Mann gleichzeitig. Bis zu 25 000 Euro kostet es, wenn die Dellen-Doktoren ein komplett verbeultes Fahrzeug ausbessern, bis es wie neu aussieht. Bei Autos, die 60 000 Euro und mehr kosten, lohnt sich das.

Viele Fahrzeugbesitzer aber kassieren das Geld von der Versicherung und stören sich nicht daran, dass der Hagel seine Visitenkarte tief ins Blech ihrer Wagen gedrückt hat. Kurz nach dem Sturm sind die ersten Autos zu sehen, deren zerdellte Karosserie der Aufkleber „Hagel 2013: Ich war dabei" ziert. Das Hagelunwetter lockt sogar Rabattjäger ins Internet: Aus ganz

Deutschland kommen Anfragen von Privatleuten und Unternehmen, die geschädigte Autos zu günstigen Preisen kaufen wollen. „In Hamburg zum Beispiel können sich die Leute das Ausmaß der Schäden aber gar nicht vorstellen", berichtet ein Autohändler. Wenn er Bilder der Autos per E-Mail verschickt, lehnen die Interessenten dankend ab. „Wir hatten mit Kratzern gerechnet, nicht mit einem Unfallwagen", lautet dann oft die Begründung.

Viele Betroffene in Reutlingen machen gute Erfahrungen mit den Versicherungen: Schäden an Dächern, Fassaden oder Fenstern werden schnell begutachtet und unkompliziert ersetzt. Geht der Schaden dagegen in die Zehntausende, dauert es seine Zeit, bis die Gelder freigegeben werden. Ist der Schaden endlich reguliert ist, bleibt ein großes Problem: Die Leute müssen teilweise endlos lange warten, bis sie Handwerker finden, die Aufträge annehmen.

Nach dem Sturm, der Bäume entlaubt und Gärten verwüstet hat, wird ein Hagelflieger-Verein gegründet: Bei Unwetterwarnung steigt ein Flugzeug in die Luft und impft die Gewitterwolken mit Silberjodid. Die chemische Verbindung soll verhindern, dass die Hagelkörner zu gefährlicher Größe wachsen. Eine weltweit praktizierte, aber wissenschaftlich schwach fundierte Methode. Deshalb lehnt der Landkreis nach langer Debatte die Finanzierung der Hagelflieger ab. Prominente Unterstützung bekommt die Behörde vom bekannten Wetterfachmann Jörg Kachelmann: Er hält von der Hagelfliegerei gar nichts und sagt, das Geld dafür könne man genausogut aus dem Flugzeug werfen. So muss der Verein durch Mitgliedsbeiträge und Spenden die Bereitstellung der Flugzeuge alleine finanzieren. Das Geld ist knapp und deshalb sind die Flugzeuge nur rund sechs Wochen statt vier Monate im Einsatz.

Noch Jahre nach diesem Unwetter bekommen viele in Reutlingen ein mulmiges Gefühl, wenn sich dunkle Wolken über der Stadt zusammenballen. Doch eines hat der Hagelsturm von 2013 gezeigt: Nach dem 15-minütigen Inferno, als mancherorts mehr Leute auf den Dächern als auf dem Boden waren, war überall eine Welle der Hilfsbereitschaft und Solidarität zu spüren. Gemeinsam haben die Menschen Gebäude mit Planen notdürftig abgedeckt und sich an die Aufräumarbeiten gemacht. In Zeiten, in denen der gesellschaftliche Zusammenhalt zunehmend durch Egoismus und rücksichtsloses Einzelkämpfertum gefährdet scheint, ein ermutigendes Zeichen inmitten von Chaos und Zerstörung.

Mit der Kamera im Schützengraben

Von Thomas de Marco

Freiwillig ging er im Ersten Weltkrieg als Kindersoldat an die Front, in den letzten Tagen des Zweiten Weltkriegs wurde er noch einmal eingezogen: Es ist eine ganz außergewöhnliche Geschichte, die der Reutlinger Walter Kleinfeldt in den Katastrophenjahren des 20. Jahrhunderts mitgemacht hat. Mit einem überaus tragischen Ende: Der Mann hat die Kämpfe in beiden Kriegen überlebt, um dann 1945, fünf Tage nach der Kapitulation, bei einem verhängnisvollen Zwischenfall sein Leben zu lassen.

1915 meldete sich Walter Kleinfeldt mit 16 Jahren als jüngster Reutlinger freiwillig für den Kriegsdienst. Wahrscheinlich wollte der Schüler mitkämpfen, weil sowieso jeder mit einem raschen Kriegsende rechnete. Am 12. November 1915 ging es für den jungen

Versorgung von Verwundeten auf dem Schlachtfeld in Flandern.

Freiwilligen an die Westfront und schon nach zehn Tagen schrieb er an seine Mutter, sie solle ihm eine Kamera besorgen.

Mit einer Contessa Ola fotografierte der Richtkanonier in den Schützengräben oder während der Erholungspausen in der Etappe hinter der Front. Die Negative schickte er per Feldpost nach Reutlingen, wo sie seine Mutter zum Entwickeln gab und ihm die Aufnahmen zurücksandte. Für den Fotografen wurde das sogar ein lohnendes Geschäftsmodell, denn er verkaufte die Bilder an die Kameraden. Vor allem aber wollte er mit seinen Fotos der Familie zu Hause den Krieg in allen Facetten zeigen und alles Berichtenswerte im Bild festhalten.

So zeigen seine Fotos die ungeschminkte Realität des Stellungskriegs, weil seine Aufnahmen unbehelligt von der Zensur nach Hause gelangten. Nichts wirkt gestellt, wie etwa bei den 19 offiziellen deutschen Kriegsberichterstattern. Zu sehen sind Aufnahmen der Kameraden in Zeiten der Ruhe und Muße, beim

Kartenspielen hinter der Front.

Baden oder beim Kartenspiel ebenso wie unter Trommelfeuer oder bei Gefechten. Walter Kleinfeldt hat die enorme Zerstörung von Dörfern und Städten abgelichtet, Volltreffer, Sanitäter bei einem Sterbenden, gefallene Soldaten, einen Toten vor einem Feldkreuz.

Der junge Mann dokumentierte zunächst den monatelangen Grabenkrieg an der Somme in Nordfrankreich. 1917 zog seine Einheit nach Lothringen, dann nach Flandern. Das Kriegsende 1918 erlebte er wiederum in Nordfrankreich. In dieser Zeit sind knapp 150 Fotografien entstanden, etwa 130 haben die Zeit überdauert.

Lange galten diese Aufnahmen als verschollen, bis sein Sohn, der Fotograf Volkmar Kleinfeldt, in der Nachbarstadt Tübingen einen Holzkasten mit Negativen durchsah. Er rechnete mit Lehr-dias, die sein Vater in der Zwischenkriegszeit für Fotokurse ver-wendet hatte. Ansonsten habe der Vater als „großer Wegwerfer" kaum etwas aufbewahrt, erinnerte sich der Sohn. Als er sich die Aufnahmen jedoch genauer anschaute, war er elektrisiert: Es waren die Bilder von der Front. Ein Medienwissenschaftler attestierte dem Kindersoldaten einen journalistischen Blick, „es gibt keine einzige misslungene Aufnahme, das sind keine Knipserbilder. Das ist das Besondere an seinen Fotografien."

Erhalten geblieben sind außerdem 16 Feldpostbriefe sowie ein Tagebuch. Zeilen aus diesen Aufzeichnungen ergänzen die

Tod auf dem Schlachtfeld in Flandern.

Bilder. So notierte Kleinfeld einmal: „Wir sind noch die einzige Batterie, alle anderen sind zusammengeschossen." In einem Feldpostbrief vom 27. August 1916 schreibt der junge Richtkanonier: „Beobachtungsposten wurde durch Volltreffer zusammengeschlagen. Ich kam mit knapper Not davon, während der Hauptmann gefallen, ein Leutnant und ein Unteroffizier verwundet wurden." Stolz ist er in den Wirren des Krieges stets auf seine Aufnahmen gewesen: „Ich bin nur froh, dass ich meinen Photokasten überall mit dabeihabe." Dass sein Vater diesen erbarmungslosen Feldzug überlebt hat, grenzte für seinen Sohn Volkmar Kleinfeldt nach der Lektüre von 16 Feldpostbriefen und dessen Tagebuch an ein Wunder. Die meisten Kameraden des jungen Fotografen jedenfalls starben an der Westfront.

1919 wurde Walter Kleinfeldt bei der Demobilisierung entlassen, körperlich und seelisch hatte er den zermürbenden Stellungskrieg offenbar gut überstanden. Nach einem Notabitur schlug er sich unter anderem mit fotografischen Arbeiten durch, gründete einen Postkartenverlag und fotografierte für Reutlinger Textil-Unternehmen. 1928 eröffnete er im 13 Kilometer entfernten Tübingen ein Fotogeschäft, das schnell florierte.

Der Mann, der das Grauen des Ersten Weltkriegs überlebt hat, wurde nur 46 Jahre alt: 1945 zum Volkssturm eingezogen, verschanzte er sich eines Tages mit neun Kameraden im nahe gelegenen Waldgebiet des Schönbuchs beim Kloster Bebenhausen. Am 24. April, fünf Tage, nachdem die Franzosen Tübingen besetzt hatten und der Krieg vorbei war, wurden die Volkssturmleute von einer französischen Patrouille aufgestöbert. Sie ergaben sich nicht, es kam zu einem Feuergefecht und Walter Kleinfeldt war der Einzige, der dabei umkam. Bis heute kann sich sein Sohn nicht erklären, warum es nach Kriegsende überhaupt zu diesem tödlichen Zwischenfall kam.

Vom irdischen Paradies in die Sklaverei: Der Muselmann aus Reutlingen

von Thomas de Marco

Zu Beginn des 19. Jahrhunderts hat das Auswanderungsfieber viele Menschen in Württemberg gepackt. Sie brachen aber nicht nur nach Amerika auf, sondern zogen häufig auch in den Kaukasus. Unter den mehr als 5000 Personen aus Württemberg, die sich 1817 zur Reise ins russische Reich aufmachten, waren 22 Familien aus Reutlingen. Sie bestiegen in Ulm die Schiffe, die auf der Donau Richtung Osten fuhren. Drei Gründe waren ausschlaggebend für diese Welle der Auswanderung: Nach den napoleonischen Kriegen regierte im Land ein despotischer König. Zudem waren Jahre schlechter Ernten vorausgegangen mit Regen, Hagel und Frost. Vor allem der Ausbruch des indonesischen Vulkans Tambora mit seinen Aschewolken hatte 1816 zu einem „Jahr ohne Sommer" gemacht.

Für die schwäbischen Pietisten waren es in erster Linie religiöse Gründe, die selbst begüterte Menschen dazu trieben, alles aufzugeben und zu verkaufen, um im Osten neu anzufangen: Die „Chiliasten" glaubten an die Rückkehr Jesu, der im Osten ein 1000-jähriges Reich errichten und die „antichristliche Zeit" beenden werde. Der pietistische Theologe Johann Albrecht Bengel berechnete sogar genau das Jahr 1836 als den Zeitpunkt, an dem Jesus auf einem weißen Pferd einreiten sollte. Da der Sehnsuchtsort Jerusalem von den Osmanen besetzt war, galt der Kaukasus als Zwischenstation. Zar Alexander I. lockte die Siedler mit Vergünstigungen wie Land, Steuerfreiheit, Freiheit der Religion und des Gemeindelebens sowie Befreiung vom Militärdienst. Viele Auswanderer überlebten die Strapazen der Reise nicht. Und wer das Ziel im Kaukasus erreichte, musste unter härtesten Be-

500 Schläge erhielt der Reutlinger Auswanderer Jakob Noah Epp, weil er nicht zum Islam konvertieren wollte.

dingungen seine neue Existenz aufbauen. Den Reutlinger Jakob Noah Epp ereilte dabei ein besonders tragisches Schicksal, das in einer Abhandlung von 1831 unter dem Titel „Der Muselmann aus Schwaben" geschildert wird. Die Weingärtner-Familie Epp war im Frühjahr 1817 in Reutlingen aufgebrochen: Der achtjährige Jakob Noah bestieg mit seinen Eltern und drei Geschwistern in Ulm ein Schiff nach Odessa und gelangte über Moskau in die neugegründete Siedlung Katharinenfeld, dem heutigen Bolnissi in Georgien. Wirtschaftliche Not trieb die Reutlinger Familie in den Kaukasus, in dem viele Auswanderer ein irdisches Paradies sahen. Damit war es für die Neuankömmlinge aus Deutschland spätestens am 14. August 1826 vorbei: Am „Schreckenstag von Katharinenfeld" wurde die Siedlung von Tataren überfallen. Mehr als tausend Angreifer umzingelten in der Nacht das Dorf. Wer sich wehrte, wurde von Säbeln zerhackt, von Lanzen durchbohrt oder erschossen. Von den 431 Bewohnern überlebten 15 diese dunklen Stunden nicht. 99 Frauen, 52 Männer und sehr viele Kinder kamen in Gefangenschaft. Unter ihnen war auch der junge Epp, der vergeblich versuchte, sich in einem Gebüsch zu verstecken: Er wurde entdeckt, auf ein Pferd gebunden und sah beim Davonreiten letztmals seine Familie. Für 2000 Piaster wurde der Deutsche an einen Sklavenhändler verkauft.

Damit ging das Martyrium für den jungen Mann aus Reutlingen erst so richtig los. Denn der Seelenverkäufer überließ Epp für 5000 Piaster dem Pascha von Akiska, der ihn kurz darauf an den Pascha von Erzerum weitergab. Dieser wiederum verkaufte den Jungen aus Reutlingen an den Medschid Effendi in Konstantinopel. Dort wurde Epp „menschenfreundlich" behandelt und musste seinem Herrn Kaffee sowie Tabakspfeifen reichen. Über diese angenehme Wendung nach seiner Verschleppung durfte er sich nur kurz freuen: Ein Jahr später wurde der junge Deutsche mit 25 anderen Sklaven an Mehmet Ali, den Vizekönig von Ägypten, übergeben. In Kairo sollte er in der ägyptischen Armee zum Offizier ausgebildet werden. Als aber drei Jahre später bekannt wurde, dass Epp Christ war, wurde er gefragt, ob er Muselmann werden wolle. Der Auswanderer aus Reutlinger weigerte sich und musste schnell erkennen, dass er gar keine Wahl hatte: Er wurde gefesselt, erhielt 500 Schläge auf die Fußsohlen und wurde rituell beschnitten. Mit diesen Wunden kam der 18-Jährige in ein Spital.

Über einen armenischen Arzt und den württembergischen Missionar Kugler erfuhr ein preußischer Apotheker vom Schicksal des Gepeinigten. Weil der preußische Konsul aber bei einer Unterredung keinerlei Interesse an dem jungen Deutschen zeigte, wandte sich der Apotheker an den dänischen Konsul Daniel Dumreicher. Der schaffte es tatsächlich, dass der ägyptische Vizekönig ein Jahr später den jungen Epp freiließ. Von Alexandria über Triest, Venedig und Ulm führte die Heimreise nach Stuttgart, wo der Schwabe am 16. Dezember 1830 seinem König vorgestellt wurde. Der Regent gab Epp Arbeit im königlichen Leibstall und gestattete ihm, seine Heimatstadt Reutlingen zu besuchen. Neben einem Geldgeschenk erhielt er das vor der Auswanderung abgelegte Bürgerrecht wieder.

Zurück in Stuttgart erzählte der junge Mann, dass die sechs Tage in seiner Heimatstadt reichlich kurz gewesen seien und erhielt postwendend die Erlaubnis, für weitere drei Wochen nach Reutlingen zu gehen. Diese Zeit nutzte Epp, um seine abenteuerlichen Erlebnisse einem Chronisten zu erzählen, der sie unter dem Titel „Der Muselmann aus Schwaben" als „merkwürdige Geschichte des durch die Gnade Sr. Maj. des Königs aus der türkischen Sclaverei befreiten Jakob Noa Epp von Reutlingen" niederschrieb. Dadurch wurde der Rückkehrer weithin bekannt, die Schilderung seines Martyriums bewegte viele Menschen. Am Stuttgarter Hof war der junge Mann hoch geschätzt: Epp wurde König Wilhelms Vorreiter, dann sein Kutscher und begleitete als Sprach- und Landeskundiger auch die Pferdekauf-Kommissionen des Regenten in den Orient.

Offensivfußball mit Geld
aus dunklen Kanälen
von Thomas de Marco

Am 2. Dezember 2000 reiben sich Fußball-Fans in ganz Deutschland die Augen: Nach einem 8:2-Heimsieg über Saarbrücken gewinnt Zweitliga-Neuling SSV Reutlingen mit 2:0 in Osnabrück und steht plötzlich auf einem Aufstiegsplatz. Mit jungen, größtenteils unbekannten Kickern spielen die Reutlinger begeisternden Offensivfußball und fallen auch außerhalb der Stadien auf: 408 PS und 26 feinste Ledersitze hat der 700 000 Mark teure Mannschaftsbus des SSV! In so einem Gefährt wird nur noch die Nationalmannschaft kutschiert. Dieter Winko heißt der Präsident des SSV Reutlingen, der Trainer Armin Veh, sieben Jahre später Deutscher Meister mit dem VfB Stuttgart, alle Wünsche erfüllt. Was damals keiner ahnt: Das Geld, das diesen unerwarteten Höhenflug möglich macht, stammt aus dunklen Kanälen. Innerhalb von zwei Jahren veruntreut der Geschäftsführer einer Galvanikfirma im 90 Kilometer entfernten Geislingen umgerechnet rund sieben Millionen Mark, die er größtenteils in den SSV Reutlingen steckt. Der Präsident ruiniert durch den Fußball seine Existenz und wird zu vier Jahren und neun Monaten Gefängnis verurteilt. „Es war wie eine Fahrt im Grand Canyon: Ich dachte, ich könnte jederzeit aussteigen – aber dann waren links und rechts nur noch steile Wände", sagt er nach dem Prozess.

Zum Einstieg ins Fußballgeschäft muss Winko lange überredet werden. „Ich bin immer wieder angebettelt worden, um Spieler zu holen oder zu halten", erinnert sich der frühere Jugendspieler des Vereins. Er rettet den SSV vor der Pleite, lässt sich 1998 ins Präsidium wählen und hat zu dieser Zeit schon zwei Millionen Mark in den Verein investiert. Zwei Jahre später wird Winko Präsident als

Nachfolger von Hermann Schaufler. Dieser hat seine Karriere als baden-württembergischer Verkehrsminister gegen die Wand gefahren, weil er Gelder einer landeseigenen Verkehrsgesellschaft zugunsten des SSV Reutlingen veruntreute.

Im Jahr 2000 steigen die Kurzpass-Künstler am Fuß der Schwäbischen Alb unter Trainer Veh in die Zweite Bundesliga auf – und der Mann, der die teure Mannschaft finanziert, findet zunehmend Gefallen an öffentlichen Auftritten. Was damals keiner in Reutlingen ahnt: Der große Macher Winko, der mehr und mehr die Bodenhaftung verliert, zweigt in der Firma, in der er als Geschäftsführer für die Finanzen verantwortlich ist, ständig illegal größere Geldbeträge für sich und den Verein ab. Besonders einfallsreich muss er dabei nicht vorgehen, im schwäbischen Unternehmen ersetzt blindes Vertrauen das Vier-Augen-Prinzip: Der Finanzchef ist alleine zeichnungsberechtigt.

Winko lässt sich Schecks ausstellen, um angeblich US-Dollar, englische Pfund, Schweizer Franken oder US-Bonds zu kaufen. Als stille Reserve lässt der leitende Angestellte regelmäßig Goldbarren im Namen der Geislinger Firma ordern. Die bezieht zwar Goldstaub für die Galvano-Technik, doch in Barren gegossenes Edelmetall benötigt die KG nicht. Dieses Gold landet vielmehr im Schreibtisch von Winko. Benötigt der Geschäftsführer des SSV Reutlingen mal wieder Geld, holt der Präsident ein, zwei Barren aus der Schublade und verkauft diese. 75 Minuten lang verliest der Oberstaatsanwalt die Anklageschrift, 182 Fälle von Untreue werden Winko vorgeworfen. „Ich habe schon viele Prozesse erlebt", sagt der Ankläger in diesem spektakulären Betrugsfall im deutschen Profifußball, „aber noch keinen, in dem es um so viel Geld ging, das einem gar nicht gehörte und das so freigiebig verschenkt wurde."

Gut eine Million Euro zweigt der Geschäftsmann pro Jahr von seinem Betrieb für den Verein ab. Die Firma unterhält quasi eine

Betriebssportgruppe im Profifußball, ohne davon zu wissen. Schließlich treibt es Winko zu weit: Im September 2000 lässt er sich ein Darlehen von 500 000 Mark geben, aber die Buchhalterin, die kurz vor der Pensionierung steht, wird misstrauisch. Zumal die Rechnungen für Werbemaßnahmen beim SSV Reutlingen immer höher werden. Viel höher, als die 50 000 Mark, mit denen Winko seinen Verein pro Jahr mit Mitteln des Unternehmens unterstützen darf.

Die Buchhalterin hat den Verdacht, dass ihr Vorgesetzter die Firma betrügt und alarmiert vier Monate später den Inhaber. Der ist schockiert über Rechnungen in Höhe von 400 000 Mark, stellt Winko zur Rede. Und der SSV-Präsident gesteht, sich bedient zu haben. Als er eine Auflistung der veruntreuten Beträge liefern muss, präsentiert er eine Gesamtsumme von drei Millionen Mark. Dennoch verzichtet der Firmenchef auf eine Anklage, weil er einen Imageschaden für sein Unternehmen befürchtet. Außerdem glaubt er, dass die Firma mehr Chancen hat, das Geld zurückzubekommen, wenn Winko nicht ins Gefängnis muss.

Der SSV-Präsident ist damit zwar noch einmal davongekommen, doch er gerät nun von vielen Seiten unter Druck: Die Firma fordert Rückzahlungen, in Reutlingen kämpft er für den 30 Millionen Mark teuren Neubau der Stadiontribüne und der Deutschen Fußball-Liga muss er im März 2001 einen soliden Etat präsentieren. Das geht nur über Buchungstricks: Winko überlässt dem Verein 2,5 Millionen Mark gegen Besserungsschein. Das heißt, erst wenn der chronisch klamme Klub mal einen Bilanzgewinn verbuchen sollte, kann sein Präsident dieses Darlehen wieder zurückfordern. Das bestätigt er der Fußball-Liga per Unterschrift. Die erfährt jedoch erst einmal nichts davon, dass am selben Tag der Verzicht auf eine Million Euro dieses Darlehens sogleich aufgehoben wird.

An die glanzvolle Zweitliga-Zeit erinnert in Reutlingen nur noch das schmucke Stadion.

Doch der Schwindel fliegt einen Monat später auf: Als an der neuen Tribüne bereits gebaut wird, landet beim SSV Reutlingen ein Einschreiben mit Rückschein der Fußball-Liga im Briefkasten. Inhalt: Wegen grober Verstöße gegen die Lizenzierungs-Bestimmungen wird dem Verein das Spielrecht für die Zweite Bundesliga entzogen. Doch zusammen mit der Stadt, die Millionen in die neue Tribüne investiert hat, kämpft der Verein gegen den Lizenzentzug – und hat überraschend Erfolg mit der Berufung. Allerdings werden dem SSV in der Tabelle sechs Punkte abgezogen. Mittlerweile ist die Staatsanwaltschaft hellhörig geworden und nimmt die Ermittlungen auf. Ein Jahr später hat sie Winkos Machenschaften komplett aufgedeckt: Rund sieben Millionen Mark hat der Geschäftsführer bei seiner Firma zwischen 1998 und 2001 veruntreut. Die Beweislage ist erdrückend: Der bereits zurückgetretene SSV-Präsident legt ein umfassendes Geständnis ab und wird zu vier Jahren und neun Monaten Haft verurteilt. „Ich könnte mich 24 Stunden am Tag ohrfeigen", sagt er in seinem Schlusswort. „Ich war ein gut verdienender Mensch, jetzt habe ich nichts mehr. Ich habe mein Leben verpfuscht und meine Familie verloren." Bevor Winko seine Haft in einer Anstalt für betagte Gefangene antritt, sammelt seine frühere Reutlinger Aufstiegsmannschaft 20 000 Mark für ihn. Die Firma, die er betrogen hat, verkraftet den Millionenschaden ohne große Folgeschäden.

Der Verein aber, für den Winko kriminell geworden ist, steigt kurz darauf aus der Zweiten Bundesliga ab. Die Hypothek des Punktabzugs ist zu groß. Und der Absturz geht weiter: Selbst für die nächsttiefere Klasse erhält der SSV keine Lizenz, Jahre später muss der Klub Insolvenz anmelden. Mehr als die fünfthöchste Spielklasse ist seither nicht mehr drin. Für die gegnerischen Spieler allerdings gehört ein Auftritt im Reutlinger Zweitliga-tauglichen Stadion vor der großen Tribüne zu den Höhepunkten der Saison.

Der Frankonenstollen – Ein dunkles Kapitel

von Uschi Kurz

Während des Zweiten Weltkriegs wurden in Reutlingen fast 4000 Menschen in Betrieben, Privathaushalten sowie bei kirchlichen und kommunalen Stellen zur Zwangsarbeit genötigt, über 100 von ihnen fanden den Tod. Etwa 200 Zwangsarbeiter schufteten Ende des Zweiten Weltkrieges sogar unter Tage. Nachdem Reutlingen im Juni 1944 in das erweiterte Luftschutz-Führerprogramm aufgenommen worden war, mussten polnische und italienische Militärinternierte sowie Zwangsarbeiter aus Belgien, Frankreich, Italien, den Niederlanden und der Sowjetunion eine Luftschutzanlage vom Fuß des Echaztales bis tief unter die Parkanlage Pomologie in den Hang treiben. In Tag- und Nachtschichten verrichteten sie die anstrengenden Erd-, Spreng- und Verschalungsarbeiten unter schwierigsten Bedingungen bei schlechter Verpflegung und mit unzureichendem Gerät. An das Schicksal dieser Menschen erinnert nur noch eine Gedenktafel, und ihr unter Zwang geschaffenes Werk wird zunehmend in Vergessenheit geraten, denn der „Frankonenstollen" ist 2012 wegen akuter Einsturzgefahr zugeschüttet worden.

Der Frankonenstollen hat seinen Ausgangspunkt in den viel älteren Kellern der ehemaligen Eisenlohrschen Brauerei aus dem 19. Jahrhundert. Sein Name geht, wie der des Frankonenwegs, an dem die Gedenktafel steht, auf die Studentenverbindung „Frankonia" zurück, die 1906 in Reutlingen gegründet wurde. Die Burschenschaft „Frankonia" (Wahlspruch: „Ehre-Freiheit-Vaterland") ist im Umfeld des Textiltechnikums, der heutigen Hochschule Reutlingen, entstanden und war bis zum Zweiten Weltkrieg die einzige schlagende Verbindung in der Stadt.

Ein Blick in den Frankonenstollen, kurz bevor er verfüllt wurde.

Zu den Frankonenhäusern, in denen es zur Mensur kam, gehörten unter anderem das „Uhlandhaus", die spätere Gaststätte Uhlandhöhe.

Unterhalb des Frankonenwegs an der Echaz liegt der Haupteingang zu dem weitläufig verzweigten Stollensystem. Die Nazis hatten geplant, einen Luftschutzbunker zu bauen, in dem rund 1200 Menschen Platz finden sollten. Doch für den Bau fehlte es an Material, an Maschinen und Arbeitskräften. Deshalb wurde der Stollen nur zum Teil fertig, gegen Ende des Krieges dürfte er etwa Platz für 500 Menschen geboten haben. Der Frondienst in dem Luftstollen gehörte zu den schwersten Arbeiten, die Zwangsarbeiter in Reutlingen verrichten mussten. Oft schritten die Grabungen durch den Tonstein des braunen Jura täglich weniger als einen Meter voran. Und das, obwohl aus alten Lohnlisten hervorgeht, dass in Tag- und Nachtschichten von zehn bis elf Stunden gearbeitet wurde. An sieben Tagen der Woche, wie ein ehemaliger niederländischer Zwangsarbeiter, der im Frankonenstollen Löcher für die Sprengladungen bohren musste, 2001 den Mitarbeiterinnen und Mitarbeitern des Reutlinger Stadtarchivs berichtete.

Erschwerend kam hinzu, dass die Zwangsarbeiter gegen Kriegsende mehr und mehr unter den Folgen der Mangelernährung litten. Es ist überliefert, dass sich die Arbeiter über das schlechte Essen beklagten: „Jeden Tag nichts als gekochte Kohlraben mit einer Kartoffel." Wegen der schlechten Arbeitsbedingungen kam es mehrfach zu Arbeitsverweigerungen. So stellte der Reutlinger Polizeirat Mangold am 5. März 1945 fest, dass „einige ausländische Arbeitskräfte ihre Arbeit nicht mehr aufgenommen" hätten. Dem im Sinne des „totalen Kriegs" ausgegebenen Befehl, den Stollenbau voranzutreiben, könne deshalb nicht mehr nachgekommen werden.

Obwohl der Frankonenstollen längst noch nicht fertig war, wurde er als Schutzbunker benutzt. Manfred Nedele war einer der Menschen, die während der Luftangriffe dort Schutz gesucht haben. Dem mittlerweile verstorbenen ehemaligen Pressechef des baden-württembergischen Landtags hat sich die Erinnerung an die Zeit, die er als Schüler in dem stickigen Luftschutzbunker verbracht hat, tief ins Gedächtnis gebrannt. Bei Kriegsende war Nedele zwölf Jahre alt und besuchte die Kepler-Oberrealschule (das spätere Johannes-Kepler-Gymnasium) in Reutlingen. Anfang 1945, berichtete Nedele, habe es mehrere schwere Luftangriffe gegeben. Wenn die Sirene während der Schulzeit heulte, gab es drei Möglichkeiten: Wenn es ganz schnell gehen musste, rannten die Jugendlichen in den eigenen Kepler-Keller. Hatten sie etwas mehr Zeit, ging es in den nahe gelegenen Gewölbekeller im sogenannten Direktorenhaus Eduard Lucas des ehemaligen Pomologischen Instituts oder eben in den Luftschutzbunker unter der Uhlandhöhe, der ebenfalls nicht weit entfernt war.

Nach Kriegsende geriet der Frankonenstollen in Vergessenheit. Während sich in der Parkanlage über dem Stollensystem die Spaziergänger an den botanischen Hinterlassenschaften der Landesgartenschau aus dem Jahr 1984 erfreuten, lag der Stollen unter der Pomologie im Dornröschenschlaf. Bis Anfang 2009 die Besitzer der Gaststätte „Uhlandhöhe" auf ihrem Grundstück Bodenbewegungen feststellten. Die darauffolgenden geologischen Untersuchungen brachten das besorgniserregende Ergebnis, dass der Frankonenstollen, der 10 bis 14 Meter unter dem Gelände lag, an mehreren Stellen stark einsturzgefährdet war. Weil eine Sicherung des über 400 Meter langen Röhrensystems zu teuer geworden wäre, entschied sich die Stadt Reutlingen in Absprache mit der Denkmalschutzbehörde, den Stollen mit Kies „reversibel zu verfüllen". Auf diese Weise, so die Argumentation, könnten nachfolgende Generationen den Stollen, der mittlerweile als Kulturdenkmal anerkannt worden war, wieder freiräumen.

Das dürfte freilich schwierig werden, denn der Zugang in den verschütteten Hades gehört gar nicht der Stadt Reutlingen. Die Gaststätte „Uhlandhöhe" (und der darunter liegende Eingangsbereich des Frankonenstollens) befand sich seit 1938 im Besitz des Reutlinger Liederkranzes. Weil der Verein die Kosten für die dringend notwendig gewordene Sanierung der Traditionskneipe nicht aufbringen konnte, wurde die Immobilie kurz vor der Verfüllung an einen Investor verkauft, der einen Teil der Uhlandhöhe abriss und auf dem Gelände mit dem geschichtsträchtigen Untergrund Mehrfamilienhäuser baute. Der Versuch, zumindest im vorderen, nicht einsturzgefährdeten Bereich des ehemaligen Brauereikellers eine Gedenkstätte für die Zwangsarbeiter einzurichten, scheiterte. Zum einen wegen des mangelnden Interesses von Stadt und Teilen des Gemeinderats, aber auch weil der neue Eigentümer der Uhlandhöhe mit dem Gedenken an die Zwangsarbeiter nichts am Hut hatte.

Den wenigen Besuchern, die vor der Verfüllung die Gelegenheit hatten, den Frankonenstollen zu besichtigen, bot sich ein düsteres Ambiente. Drinnen war es zappenduster und feucht. Der Boden war übersät mit Gesteinsbrocken, die im Laufe der Jahrzehnte aus der Decke gebrochen waren. An manchen Stellen tropfte es stetig, in einigen Gängen stand das Wasser einen halben Meter hoch. Bizarre, versinterte Wurzeln hingen von der Decke herab. In einem ehemaligen Lüftungsschacht, der zum Parkplatz der Uhlandhöhe hinaufführte, hatten die Kalksinterkrusten ein spaghettiartiges Gebilde geschaffen. Einige Meter weiter versperrte eine Ziegelmauer den Zugang. Manche vermuteten dahinter sogar einen Nazischatz. Aber als die Mauer geöffnet wurde, stieß man lediglich auf einen mit Wasser gefüllten Hohlraum.

Als die Stadt zu einer letzten Begehung des Frankonenstollens einlud, hätte Manfred Nedele dabei sein können, aber er zog es vor, draußen zu warten. „Das Schlimmste war, wenn wir in den Frankonenstollen mussten", erinnerte er sich an die Fliegeralarme in seiner Jugend. Er habe in den engen dunklen Gängen jedes Mal sofort panische Angst und das Gefühl bekommen, „da kommst du nicht mehr raus". In langen Schlangen seien sie hineingeführt worden. Ein zusammengewürfelter Haufen aus Schülern und Anwohnern – „alle waren bleich, alle mit Angst im Gesicht". Die qualvolle Enge blieb Nedele so nachdrücklich in Erinnerung, dass er den Luftschutzbunker auch Jahrzehnte später nicht mehr betreten wollte.

Ein Nadelöhr mit Weltruhm

von Uschi Kurz

Kein Sonnenstrahl trifft jemals auf den Boden dieser bedeuten-
den Reutlinger Örtlichkeit. Nicht jeder Tourist kann sie besichtigen. Japanische Gäste haben in der Regel keine Probleme,
hingegen könnten manche amerikanische Besucher an ihrem
eigenen Körperumfang scheitern.

Die Rede ist von der Spreuerhofstraße, die an ihrer schmalsten
Stelle gerade mal 31 Zentimeter breit ist. Die unscheinbare, zwischen zwei alten Fachwerkhäusern eingeklemmte Passage darf
deshalb laut dem Guinnessbuch der Rekorde seit 2007 das Prä-
dikat „die engste Straße der Welt" tragen. Sehr zur Freude der
Reutlinger Stadtmarketing GmbH, die in einer Pressemitteilung
jubilierte: „Ein Nadelöhr mit Weltruhm".

Zumindest einer ihrer Besucher wurde wirklich weltberühmt.
Der spätere chinesische Staatspräsident Hu Jintao zwängte
sich 1998 durch den nur 3,76 Meter langen schmalen Spalt.
Zu einer Zeit also, als die Spreuerhofstraße weit entfernt davon
war, selbst Weltruhm zu erlangen. Die Marienkirche, erzählte
der Stadtführer Werner Wunderlich, der damals die Delegation
durch Reutlingen geführt hatte, später in einem Interview, sei
den Chinesen egal gewesen. Dafür hatten sie riesigen Spaß an
der schmalsten Gasse der Stadt. Gleich mehrmals habe sich die
ganze Delegation durch den Spalt zwischen Mauer- und Metz-
gerstraße hindurchgequetscht.

Die Reutlinger Stadtführer hatten den kleinen Weg bei ihren
Rundgängen stets als „vielleicht sogar Baden-Württembergs
engste Gasse" gepriesen. Stadtmarketingchefin Tanja Ulmer
wollte es irgendwann genau wissen und forschte bei diversen
Ämtern nach – vergeblich. Auch deutschlandweit fand sie keine

Wer durch diese hohle Gasse kommen will, muss schlank sein oder kräftig den Bauch einziehen.

Informationen über die engsten Straßen. Deshalb fragte sie bei den „Guinness World Records" an. Und die Londoner bestätigten nicht nur das Alleinstellungsmerkmal dieser 31 Zentimeter in Baden-Württemberg, sondern sogar weltweit: Seit 2007 ist

es also amtlich und auf drei Tafeln zwischen Spreuerhofstraße 9 und Mauerstraße 50 dokumentiert: „Engste Straße der Welt – Narrowest street in the world". Auf einem Maßband sind die 31 magischen Zentimeter abgebildet und geben so Orientierung, ob ein Durchgang gefahrlos möglich ist oder nicht. Bauch einziehen ist in jedem Fall ratsam.

Entstanden ist die schmale Gasse im Zuge der Notbebauung nach dem großen Stadtbrand von 1726, bei dem 80 Prozent der Stadt zerstört wurde. In Gabriel Bodenehrs „Bettelplan" von 1727, mit dem man um Spenden für den Wiederaufbau der Stadt warb, ist das „Große Spreyer Hauß" verzeichnet. Der Spreuerhof, dem die Gasse und die winzige Straße dahinter ihren Namen verdanken, war ursprünglich ein Getreidespeicher für das Reutlinger Spital.

Prof. Eugen Wendler, selbst als Stadtführer aktiv, veröffentlichte 2011 ein Buch über die Stadt Reutlingen, in dem er auch auf die Entstehungsgeschichte der Gasse einging, deren Bekanntheitsgrad bei den Besuchern aus nah und fern mittlerweile größer sei „als das Wissen über Friedrich List". Die Spreuerhofgasse, so Wendler, sei ein typisches Beispiel für den unkoordinierten Wiederaufbau nach dem Stadtbrand, als „mit bescheidensten Mitteln die Wohnungsnot mit relativ schmucklosen Gebäuden und kleinen Behausungen behoben werden musste". Oft seien die Gebäude so eng aneinander gebaut worden, dass nur noch ein kleiner Zwischenraum übrig blieb. Das „Kuriose" an der Spreuerhofstraße bestehe darin, dass dieser Spalt im Stadtplan von 1726 und im Kataster der Stadt eingetragen sei „und sich somit als öffentlicher Grund und Boden im Eigentum der Stadt befindet". Dies sei die Voraussetzung für den Rekord gewesen. Wendler: „Solche Zwischenräume gibt es in vielen Altstädten, auch in Reutlingen.

Diese sind aber nicht öffentlich zugänglich und die jeweilige Grundstücksgrenze verläuft in der Regel in der Mitte." Nicht so in Reutlingen, diese hohle Gasse gehört in ihrer ganzen Länge und Breite der Stadt. Ob und wie stark der Durchgang früher genutzt wurde, schreibt Wendler, sei nicht bekannt. Vermutungen, die Gasse hätte als Fluchtweg oder für Menschenketten zum Durchreichen von Wassereimern oder Milchkannen gedient, hält er für unwahrscheinlich, weil sie dafür viel zu eng sei: „Der abgeschabte Putz zeigt deutlich, wo sich hier die Jacken und Mäntel der Durchgänger reiben."

Wie dem auch sei. Die stolze Eigentümerin der Spreuerhofstraße, die Stadt Reutlingen, wirbt auf ihrer Homepage: „In diesem reizvollen Winkel ist die Vergangenheit der mittelalterlichen Stadt noch lebendig." Auch Marketing-Frau Ulmer freut sich, dass Reutlingen mit dem Eintrag ins Guinnessbuch der Rekorde um eine Attraktion reicher ist. Aber man wolle keinen Massen-, sondern sanften Tourismus, versicherte sie. Eintrittsgeld wird nicht erhoben, auch Warteschlangen sind nicht zu befürchten.

Dafür gab es Resonanz in der Presselandschaft. Von der „Aachener Zeitung" bis zum „Weser-Kurier" wurde über die engste Straße der Welt berichtet. „New York hat den Broadway. Berlin den Kurfürstendamm. Paris den Champs-Elysées. Und Reutlingen die Spreuerhofstraße." So der „Spiegel" in einem Artikel vom 10. Juli 2012 auf seiner Online-Ausgabe mit dem süffisanten Titel: „Ein bisschen Weltrekord".

„Die düstere Passage wirkt nicht gerade einladend", schieb hingegen die „Zeit", und die „Badische Zeitung" warnte gar ihre Leser: „Die Spreuerhofstraße: ein schmaler, hässlicher Durchgang im Osten der Altstadt. Ein Nadelöhr, durch das sich kein Einheimischer zwängen will, weil er um die Unversehrtheit seiner Designerklamotten fürchten müsste."

Tatsächlich wurde es bereits wenige Jahre nach dem Eintrag ins Guinnessbuch der Rekorde eng um die engste Straße der Welt, denn an ihr nagte der Zahn der Zeit. Der Anbau des Gebäudes Spreuerhofstraße 9 neigte sich bedrohlich Richtung Gasse. Der Putz blätterte ab. Der Durchgang musste vorübergehend gesperrt werden. Um dem Verfall Einhalt zu gebieten und das Kuriosum als Attraktion für die Touristen zu erhalten, kaufte die Stadt im Oktober 2013 das Fachwerkgebäude auf und ließ es vorsichtig sanieren. Der Durchgang dürfe auf keinen Fall breiter oder schmäler werden, lautete die Maßgabe an die Handwerker. Die verrichteten ihre Arbeit zur Zufriedenheit: Im Juni 2014 konnte die Spreuerhofstraße wieder für den Fußgängerverkehr freigegeben werden. In alter Pracht und bewährter Enge.

Vielleicht, schrieb der Reutlinger Journalist Wolfgang Alber in einem Artikel über die Rekordhalterin, gelangten manche Besucher in der engsten Straße der Welt sogar zu der höheren pietistischen Erkenntnis: „Nicht der breite, der schmale Weg führt ins Himmelreich." Stecken geblieben ist bisher niemand.

Im Pakt mit dem Teufel: Hexenverfolgung

von Thomas de Marco

Teuflische Machenschaften und Hexerei, Schwarze Magie und Ketzerei – wer sich diesen Anschuldigungen in einem Hexenprozess ausgesetzt sah, hatte wenig Aussicht, ihn lebend zu überstehen. In Reutlingen tobte die Hexenverfolgung über hundert Jahre lang, von 1565 bis 1667 dauerte eines der dunkelsten Kapitel der Stadtgeschichte. Dem 18-jährigen Michael Ammer wurde wegen Sodomie und Teufelspakt im Juni 1667 der letzte Prozess dieser Art gemacht, ohne Folter gestand er. Die Verwaltung holte Rechtsgutachten aus Tübingen und Straßburg ein, anschließend wurde Ammer verbrannt. Er war der letzte von 64 Menschen, die in Reutlingen wegen Hexerei hingerichtet wurden.

Seit der Antike war der Glaube an Hexen in der Bevölkerung weit verbreitet. Doch die Verfolgung erreichte nicht etwa im finsteren Mittelalter ihren Höhepunkt, sondern in der Frühen Neuzeit, beim Anbruch der Moderne. Teufelspakt, Teufelsbuhlschaft, Hexenflug, Hexentanz, Schadzauber – die Liste möglicher Vorwürfe für die sogenannten Unholde und bösen Frauen war lang. Eine erste Verfolgungswelle brach in den 1440er-Jahren aus. Schuld daran war vor allem ein fanatischer Dominikanermönch aus dem Elsaß: Martin Kramer aus Schlettstadt überredete 1484 Papst Innozenz VIII., in einer Bulle die Existenz von Hexen zu bestätigen und zu verurteilen. Mit seinem „Hexenhammer" steuerte der Mönch gleich noch das passende Lehrbuch zur Hexenverfolgung bei. In der weit verbreiteten Schrift geißelt er die Hexerei als schwerstes denkbares Verbrechen gegen die geistliche und weltliche Ordnung. Auf den Pakt mit dem Teufel, der als Abfall vom christlichen Glauben galt, stand die Todesstrafe. Zunächst gab es aber starken Widerspruch gegen die Hexenverfolgung. Kramers Prozesse scheiterten beispielsweise in Innsbruck am Widerspruch von Bevölkerung und Bischof. Auch angesehene Theologen und Juristen sprachen sich dagegen aus. Was nicht heißen soll, dass generell die Existenz von Magie angezweifelt wurde, sondern nur die Begründung für die Bestrafung. Das sollte sich aber im Lauf der Zeit ändern. Zwischen 1550 und 1650 war die Hochzeit der Hexenverfolgung. Das hatte nicht zuletzt mit der „kleinen Eiszeit" zu tun, einer langen Kälteperiode, die zu zahlreichen Ernteausfällen und damit zu sozialen Krisen und Verelendung führte. Hexen dienten als Sündenböcke für unerklärliche Wetterphänomene und persönliche Unglücke wie Krankheiten. Für unerklärliche Vorfälle – wie die schwere Frostperiode 1565 – wurden oft geheimnisvolle Zauberkräfte von Hexen verantwortlich gemacht.

So wurde in diesem Jahr auch in Reutlingen der erste Hexenprozess abgehalten: Elisabeth Viess wurde beschuldigt, Schadens- und Todesfälle ausgelöst zu haben. Das Urteil lautete auf „lebendig verbrennen". Innerhalb weniger Tage – von Ende Mai bis Anfang Juni – wurde gleich mehreren Personen der Prozess gemacht: Drei Delinquentinnen wurden am 4. Juni 1565 hingerichtet. Die Opfer dieser ersten Hexenprozesse waren nur Frauen, deren Geständnisse mit grausamen Foltermethoden erzwungen wurden. Von Pakt mit dem Teufel über Besuch von Hexentänzen bis Wettermachen im Bund mit dem Teufel lauteten die Anschuldigungen der Obrigkeit.

Die ebenfalls 1565 hingerichtete Reutlingerin Anna Schenkel wiederum war nach der Scheidung von ihrem gewalttätigen und trunksüchtigen Mann der Hexerei beschuldigt worden. Die Frau saß lange in Untersuchungshaft, aber ein Rechtsgutachten der Universität Tübingen widerlegte die Anschuldigungen, Anna Schenkel wurde freigelassen. Aber ihr ehemaliger Mann ließ nicht

Über 100 Jahre lang tobte in Reutlingen die Hexenverfolgung, der 64 Menschen zum Opfer fielen.

locker und beschuldigte die Frau erneut. Unter Folter gestand sie alle Vorwürfe. Die Reutlingerin wurde wie sieben weitere Opfer auf dem Marktplatz verbrannt. Danach gab es in Reutlingen lange Zeit keine Hexenverfolgung mehr. Vermutlich auch deshalb, weil sich der Rat der Freien Reichsstadt im selben Jahr damit auseinandersetzte, wie man mit den angeblich überall auftretenden Hexen umgehen sollte. Ein Gutachten der Diakone Eusebius Berger und Salomon Schradinus wurde angefordert. Diese rieten den Räten, in der Sache nicht zu „tyrannisch" und „blutdürstig" vorzugehen, sondern gerecht und mit Weisheit zu handeln. Eine Einsicht, die für Anna Schenkel freilich zu spät kam.

Die nächste Hinrichtungswelle in Reutlingen zettelte der Vorsitzende der Schuhmacher-Zunft an: Johann Philipp Laubenberger wollte sich vor den Ratswahlen 1665 als durchsetzungsstarker Macher profilieren, um Bürgermeister zu werden. Dafür ließ er sich zum Kommissar für Hexenverfolgung ernennen. Sein Plan ging auf: Er stand von 1665 bis 1683 an der Spitze der

Stadt. Dabei hatte er vor seiner Wahl der Frau des Apothekers Efferen, seines schärfsten Konkurrenten um das Bürgermeisteramt, Hexerei vorgeworfen. Sie floh deshalb in die Nachbarstadt Tübingen. Damit sie nicht nach Reutlingen ausgeliefert wurde, legte der Apotheker seine Bürgerrechte nieder. Damit war für Laubenberger der Weg zum Bürgermeisteramt frei. Später musste die Stadt aber nach einem Verleumdungsprozess 5000 Gulden Schadensersatz an Efferen zahlen.

Laubenberger ging als der skrupelloseste Hexenverfolger in die Reutlinger Geschichte ein. Während der ersten beiden Jahre seiner Amtszeit wurden 16 Bürgerinnen und Bürger wegen Hexerei hingerichtet. Diese Zeit war der Höhepunkt des Hexenwahns in Reutlingen. In der Stadt entstand ein Klima der Angst, jede Verurteilung zog weitere Anschuldigungen nach sich. Davon waren nicht nur arme Frauen am Rande der Gesellschaft betroffen, sondern auch angesehene Bürger. Die Prozesskosten und die Arbeitsbelastung für den Rat, der für die Rechtsprechung zuständig war, stiegen enorm an.

1667 stellte Laubenburger die Hexenjagd ein, viele Verdächtige wurden entlassen. Ob dem Bürgermeister dieses wahnhafte Wüten selbst suspekt geworden war oder ob ihn die Lektüre einer theologischen Streitschrift zur Abkehr von den Hexenprozessen bewogen hatte, ist nicht überliefert. Wohl aber, wie viele Menschen seit 1565 während der Hexenverfolgung ihr Leben auf grausame Art verloren hatten: Angeklagt waren während dieser 102 Jahre in Reutlingen 78 Frauen und 15 Männer, 64 von ihnen wurden ermordet. Eine hohe Zahl von Hinrichtungen, wenn man vergleicht, dass in ganz Württemberg während dieser Zeit 256 Menschen zum Tode verurteilt wurden. Mit dem letzten Opfer Michael Ammer, der in den Flammen sein Leben ließ, endete diese grausame Geschichte der Reutlinger Hexenprozesse.

Ein Musentempel vor den Toren der Stadt

von Uschi Kurz

Sie ist das umstrittenste Bauwerk von Reutlingen. Von Weitem sieht sie aus wie ein etwas zu dunkel geratener Tempel, der von der Akropolis heruntergestiegen ist, um näher bei den Menschen zu sein. Und tatsächlich hat sich der Schweizer Stararchitekt Max Dudler beim Entwurf für die Reutlinger Stadthalle von der archaischen Urform eines Tempels inspirieren lassen. Dass der Grundriss eines Tempels einer Schuhschachtel gleicht und damit nahezu ideale akustische Voraussetzungen für einen Konzertsaal bietet, erleichterte ihm die Entscheidung für die klassische Form.

Mit der Einweihung der schlicht Stadthalle Reutlingen getauften Halle Anfang 2013 nahm ein langes Warten ein Ende. Die Saalbaufrage beschäftigte die Stadtoberen von Reutlingen fast 150 Jahre. Die Reutlinger Vereine führten Klage darüber, dass es keine geeigneten Versammlungsräume in der Stadt gäbe. 1876 begann der Liederkranz, Geld für eine Liederhalle zu sammeln, doch die Pläne scheiterten. 1908 gründete die Museumsgesellschaft eine Saalbaugesellschaft, der renommierte Stuttgarter Architekt Paul Bonatz organisierte eine Ausschreibung, bei der zahlreiche Entwürfe eingingen. Die ambitionierten Pläne – gebaut werden sollten ein Hotel, ein Restaurant und eine Saal für 1200 Menschen sowie Vereinsräume – wurden nie realisiert. Den Museumsvereinsmitgliedern erschien das Projekt zu riskant.

1915 wurde erwogen, den Spitalhof am Markplatz zu einem Volksbildungshaus mit Schwimmbad und einem Saal für 1000 Plätze auszubauen. Diese Pläne vereitelte der Erste Weltkrieg. Kurz vor dem Ausbruch des Zweiten Weltkriegs bekamen die

Reutlinger eine Halle, die von Anfang an als Provisorium konzipiert war: Im Juni 1938 wurde die mit Hakenkreuzfahnen geschmückte Friedrich-List-Halle ihrer Bestimmung übergeben. Bei einem Luftangriff am 15. Januar 1945 wurde sie bis auf die Grundmauern zerstört und nach dem Krieg wieder aufgebaut. Den Ansprüchen einer Kulturhalle genügte sie nicht. Dennoch spielte jahrzehntelang die Württembergische Philharmonie Reutlingen unter akustisch schwierigsten Bedingungen. Und so waren es vor allem die Freunde der klassischen Musik, die sich dringend einen Konzertsaal wünschten.

Anfang des 21. Jahrhunderts schien es endlich so weit zu sein: Die Stadt unter dem damaligen Oberbürgermeister Stefan Schultes plante auf dem Gelände des Bruderhausareals ein großzügiges Kultur- und Kongresszentrum und schrieb einen

Mit der dunklen Fassade ihrer Stadthalle haben sich die Reutlinger Bürgerinnen und Bürger bisher nicht anfreunden können, aber von der Akustik des Konzertsaals sind alle begeistert.

Wettbewerb aus. Der Sieger-Entwurf der Düsseldorfer Architekten Schuster & Schuster sah drei gläserne Kuben mit mehreren Konzertsälen auf einem acht Meter hohen Sockel vor. Den Bürgern erschien das Kongress- und Kulturzentrum aber zu teuer und zu abgehoben. Sie verhinderten das 86,8-Millionen-Projekt am 20. Oktober 2002 mit einem Bürgerentscheid. Im Jahr darauf wurde Schultes nicht wiedergewählt.

Die neue Oberbürgermeisterin Barbara Bosch ging das Vorhaben vorsichtiger an und gab 2005 zunächst eine Kulturkonzeption in Auftrag, bei der die kulturellen Platzbedarfe in der Stadt ermittelt wurden. Danach ließ sie sich die Planungen für eine neue Stadthalle von ihren Bürgerinnen und Bürgern durch einen zweiten Bürgerentscheid absegnen. Dabei stellte sie neben der Stadthalle zwei weitere dringend benötigte Projekte in Aussicht: Die Einrichtung eines soziokulturellen Zentrums (das franz. K in einem ehemaligen französischen Kino wurde 2008 eingeweiht) und den Neubau für das Stadttheater „Die Tonne" (dieser wurde nach langen Verzögerungen 2017/18 realisiert).

Bestätigt vom Bürgervotum, folgte erneut ein städtebaulicher Ideenwettbewerb und daran anschließend ein Realisierungswettbewerb, den der Architekt Max Dudler 2008 gewann. Zum städtebaulichen Konzept des Siegerentwurfs gehörte es, dass die Umgebung in die Gestaltung mit einbezogen wurde. Dudler setzte seinen „Tempel", den er gerne als „Stadtkrone Reutlingens" bezeichnete, in einen „Bürgerpark". Von einer rund um den Baukörper verlaufenden Terrasse versprach er den Besucher/innen dereinst einen herrlichen Blick über die Wipfel der Bäume. Die Idee stieß sogleich auf heftige Kritik in der streitbaren Reutlinger Bürgerschaft. Die einen befürchteten, dass der dunkle Park ein Hort finsterer Gestalten werden könnte, die anderen kritisierten die Wahl der schnell wachsenden japanischen

Schnurbäume. Viele waren der Ansicht, ein heimisches Gehölz hätte der Stadt besser angestanden.

Trotz aller Unkenrufe wurde im Juli 2010 der Grundstein für die Stadthalle gelegt. Im Januar 2013 folgte die fristgerechte Einweihung des Großprojekts, das mit 43 Millionen Euro ziemlich genau halb so viel kostete wie das ursprünglich geplante Kultur- und Kongresszentrum. Das Urteil der Bürger fiel gleichwohl gespalten aus. Vor allem die dunkle Metallfassade, die deutlich düsterer ausfiel als im Modell, stieß auf herbe Kritik. In Leserbriefen hagelte es wüste Beschimpfungen. Bis hin zu „Naziarchitektur" lauteten die Vorwürfe.

Architekt Max Dudler reagierte gelassen auf die kritischen Stimmen. „Ich muss mich auch an viele Sachen gewöhnen, wenn ich etwas Neues sehe", meinte er in einem Interview kurz vor der Einweihung. Tatsächlich verstummt die Kritik rasch, wenn die Konzertbesucher die Fassade hinter sich lassen. Der nach dem Vorbild des Wiener Musikvereins konzipierte schuhschachtelförmige Konzertsaal entwickelt eine fantastische Akustik, so die fast einhellige Meinung von Musikern und Gästen. „Das klingt wunderbar", meinte Dudler nach der ersten Hauptprobe des Orchesters. Und als Chefdirigent Ola Rudner nach neun Jahren zu neuen musikalischen Ufern aufbrach und der Klangkörper einen neuen Maestro suchte, gab es international hoch gehandelte qualifizierte Bewerber – auch dies eine Folge der hervorragenden Akustik.

Bei der Einweihung der Stadthalle meinte Architekt Dudler selbstbewusst: „Geben Sie dem Gesamtensemble fünf Jahre Zeit, dann wird es das Highlight von Europa sein." Zumindest diese Prognose war etwas zu hoch gegriffen, und vor allem voreilig. Auch fünf Jahre nachdem die Schnurbäume gepflanzt wurden, haben sie längst nicht die von ihm erwünschte Höhe erreicht. Einige sind so schlecht angewachsen, dass die Stadt von den Landschaftsarchitekten Regress gefordert hat. Schließlich mussten zahlreiche Schnurbäume nachgepflanzt werden.

Mit der Fassade können sich nach wie vor viele nicht anfreunden. Als sich der Stadtrat der Linken Liste Thomas Ziegler, der sich einst gegen das überdimensionierte Kultur- und Kongresszentrum eingesetzt hatte, Anfang 2018 nach 28 Jahren aus dem Gemeinderat zurückzog, meinte er im Hinblick auf die braune Metallfassade: „Nicht alles, was man als Stadtrat befürwortet, stellt sich hinterher auch als gut heraus."

Doch wer weiß, wenn erst die Schnurbäume, die von Dudler gewünschte Höhe erreicht haben, vielleicht stellt sich dann das von ihm gewünschte Wechselspiel von Licht und Schatten auf der Stadtkrone von Reutlingen ein.

Eine Hochzeit und ein Todesfall
von Uschi Kurz

Dem Himmel sei Dank. Sie haben Ja gesagt und es ist nichts passiert. Aber was war das für eine Hochzeit, bei der man froh sein musste, dass nichts passiert?

Am 16. Juni 2012 heiratete Ingo Dura, der Präsident der Reutlinger Hells Angels, in der ehrwürdigen Marienkirche. 800 Rocker, darunter einige schwere Kaliber auf noch schwereren Maschinen, waren angereist. Trauzeuge war der Hannoveraner Hells-Angels-Chef Frank Hanebuth, der damals unter dem Verdacht stand, einen Mord in Auftrag gegeben zu haben. Während das Brautpaar zu Klängen von „Nothing else Matters" von Metallica und „Jumping Jack Flash" von den Rolling Stones in die Kirche einlief, säumten draußen 2000 Schaulustige die Straßen. Entsprechend gigantisch war das Sicherheitsaufgebot der Polizei.

Schon Wochen vorher hatte sich Dura über den Wirbel beklagt, den seine Hochzeit auslöste und betont, dass er einfach nur im Kreise seiner „Brüder" heiraten und feiern möchte. Das tat er dann auch, denn zumindest bei der Hochzeit blieb alles ruhig. Ganz gemäß dem Rockerehrenkodex: Bei Hochzeiten und Beerdigungen gibt es keinen Stress. Stress gab es davor und danach häufig, denn die Reutlinger Höllenengel beschäftigten regelmäßig die Justiz. Viele Prozesse wurden jedoch niedergeschlagen, weil die Zeugen vor Gericht regelmäßig unter Gedächtnisschwund litten. Ein Prozess, bei dem gegen ein Mitglied der Hells Angels wegen Vergewaltigung und Zwangsprostitution verhandelt wurde, endete 2008 mit einem Freispruch.

Das Reutlinger Charter wurde im November 1999 von Ingo Dura gegründet. Zum Zeitpunkt seiner Hochzeit gab es 18 Vollmitglieder (Members); dazu kamen etliche Anwärter (Prospects oder Hangarounds). Ihr Klubhaus hatten die Rocker in der ehemaligen Traditionsgaststätte „Anker". Ein weiterer Treffpunkt des Rockerklubs war damals die Musikbar „The other Place" und später, an anderer Stelle, die Kneipe „The Place". Ihr Geld verdienten einige Mitglieder und Anwärter in der Türsteher-Szene und in Tattoo-Studios.

Einen unrühmlichen Höhepunkt erlebte das Reutlinger Charter an Ostern 2004, als bei der jährlich veranstalteten „Bukowski-Party" ein 38-jähriges Hells-Angel-Mitglied zusammenbrach und starb. Die Todesumstände konnten nie genau geklärt werden – wohl auch, weil die Polizei erst spät Zutritt zu dem Klubheim bekam. Die Höllenengel gaben damals ihrem „Bruder Gerd" mit einem großen Motorrad-Corso das letzte Geleit.

Wenige Tage nach der gigantischen Hochzeit Duras gerieten die Reutlinger Hells Angels übrigens schon wieder im Zusammenhang mit kriminellen Machenschaften in die Schlagzeilen: Ein Rocker, der gemeinsam mit einem Kumpel wegen versuchten Totschlags angeklagt war, schlug vor dem Schwurgerichtssaal den Staatsanwalt nieder. Später wurden er und sein Mitangeklagter zu einer Haftstrafe verurteilt.

Der frischgebackene Ehemann stand ebenfalls bald wieder vor Gericht: Am 3. Februar 2014 wurde Dura wegen versuchter schwerer Erpressung und Bedrohung eines Gastwirts zu einer Haftstrafe von vier Jahren verurteilt. Der zur Tatzeit 48-jährige Dura hatte von einem Reutlinger Gastwirt die Zahlung von 10 000 Euro und verschiedene Leistungen verlangt, teils für die Hells Angels und teils für einen Gast, der zuvor bei einer Auseinandersetzung von dem Gastwirt verletzt worden war.

Dura musste in den Knast – und danach wurde es ruhig um das Reutlinger Charter. Das Vereinsheim, der „Alte Anker", wurde abgerissen. Dort entsteht ein kleines Wohnviertel. Weitere Lokale, die als Rockerszene bekannt waren, und ein einschlägiges Tattoo-Studio wurden geschlossen. Seit März 2017 gilt in Deutschland das Kuttenverbot: Wie andere Rockerklubs dürfen auch die Hells Angels keinerlei Abzeichen ihrer Gruppierung mehr auf ihren Kutten tragen. Sie sind – zumindest optisch – aus dem Stadtbild Reutlingens verschwunden.

Enthauptung als ehrenhafte Todesstrafe

von Thomas de Marco

Am 27. August 1564 notierte der Reutlinger Georg Martyri Volkmar in seinem Tagebuch: „Schlug ich Ludwig Michlen und Hansz Schlayr wegen Dipstahl und andern bösen Stuck den Kopf ab." Volkmar war Scharfrichter und hatte 1562 sein Amt angetreten, 19 Jahre nachdem die Hinrichtung mit dem Schwert in der Freien Reichsstadt eingeführt worden war. Die Schärfe des Gesetzes, die in Reutlingen Verurteilte vom Leben ins Jenseits beförderte, misst einen Meter: So lange ist die Klinge des Richtschwerts der ehemaligen Freien Reichsstadt, das mit beiden Händen geschwungen wurde. Heute ist das Werkzeug der Hinrichtungen im Heimatmuseum zu sehen. Die flache Klinge ist beidseitig scharf, aber an der Spitze stumpf. In den drei Längsrillen konnte das Blut ablaufen, außerdem reduzierten die Vertiefungen das Gewicht.

Besonders auffällig ist der hölzerne Griff, der mit Leder überzogen ist: An seinem Ende ist ein Steinbeil aus der Jungsteinzeit angebracht. Experten vermuten deshalb, dass der erste Scharfrichter dieses Richtschwert selbst konstruiert haben dürfte. Das Gegengewicht sollte einen guten Hieb garantieren. Es bleibt aber rätselhaft, warum dafür dieses Beil verwendet wurde. Vielleicht ist es Ausdruck eines Aberglaubens. Oder aber eine Referenz an die Kelten, die ebenfalls Menschen enthauptet haben.

Eigentümlich ist auch die flache Klinge gestaltet: In die Rinnen sind jeweils drei Pfeile und ein Kreuz eingraviert und mit Kupferlegierung ausgelegt worden. Symbole, die im Heimatmuseum so gedeutet werden: In der Bibel galten die Pfeile als Strafinstrument Gottes. Drei Pfeile stehen zudem für Vergangenheit,

Gegenwart und Zukunft. Das Kreuz wiederum symbolisiert die Erlösung. Zum Einsatz gekommen ist dieses Schwert erstmals im Jahr 1543 in Reutlingen.

Kaiser Maximilian I. hatte 1495 die Hochgerichtsbarkeit vom württembergischen Burgvogt, der auf dem Berg Achalm residierte, an die Freie Reichsstadt übertragen. Die Verurteilten wurden zunächst am Galgen erhängt, verbrannt oder ertränkt. Das änderte sich, nachdem Kaiser Karl V. auf dem Reichstag zu Regensburg 1532 mit seiner „Halsgerichtsordnung" die Hinrichtung durch das Schwert eingeführt hatte. Was heute kaum mehr nachvollziehbar ist: Die Enthauptung galt fortan als mildere, weniger qualvolle und vor allem ehrenhaftere Strafe. Mit dem Richtschwert wurden Raub, Notzucht, Aufruhr, Abtreibung und Totschlag geahndet.

Die Hinrichtungen wurden öffentlich und vor großem Publikum vollzogen. Das Spektakel hatte den Rang einer Volksbelustigung. Vollstreckt wurden die Urteile zunächst auf dem Reutlinger Marktplatz, bevor 1576 außerhalb der Stadtmauern beim Friedhof Unter den Linden eine neue Hinrichtungsstätte angelegt wurde. Dort wurde neun Jahre später der erste Delinquent enthauptet.

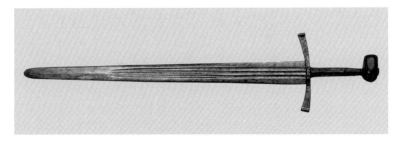

Die Schärfe des Gesetzes, die in Reutlingen Verurteilte vom Leben ins Jenseits beförderte, hat eine Klingenlänge von einem Meter.

Zwölf Stadtrichter haben die Strafen verhängt. Sie wurden jeweils in einer der zwölf Zünfte gewählt, in denen die Handwerksgruppen organisiert waren. Ab 1500 besaßen diese Handwerkszünfte die wirtschaftliche und politische Macht in der Stadt. Auffallend ist bei der damaligen Rechtsprechung, dass es keine Gefängnisstrafen gab. Ein Gefängnis war höchstens zur vorläufigen Unterbringung gedacht. Das unterstreicht, dass für die Obrigkeit die Möglichkeit der Besserung oder gar eine Resozialisierung der Straftäter gar nicht denkbar waren. Für geringere Vergehen wurden Geldstrafen oder Körperstrafen von Auspeitschen bis Verstümmelung sowie der Pranger verhängt. So notierte Georg Martyri Volkmar in seinem Tagebuch für den 22. November 1567, dass er Heinrich Baumann wegen eines kleinen Diebstahls das Ohr abgeschnitten hatte. Bei kapitalen Verbrechen gab es die verschiedenen Todesstrafen.

Einen Einblick in die grausame Praxis der Hinrichtungen gibt das Reutlinger Blutbuch für die Jahre 1527 bis 1645: In dieser Zeit wurden 81 Todesurteile gesprochen, 28 davon wurden mit dem Richtschwert ausgeführt. Ebenso viele Verurteilte wurden verbrannt, 17 wurden am Galgen ins Jenseits befördert, 6 gerädert und 2 ertränkt. Wie elend manche dabei gestorben sind, verdeutlicht dieser Tagebuch-Eintrag des Reutlinger Scharfrichters vom 11. Juni 1568: „Vertränkt man ein Erzhex am Opferstein, hiesz Anna Helbin." Diese sei wie ein dürrer Scheit geschwommen, habe jämmerlich geschrien und drei Knechte eine halbe Stunde lang beschäftigt. Denn es sei verboten gewesen, sie mit Stangen hart zu treffen. „War auch gering Wasser", so die abschließende Bemerkung Volkmars.

Im 19. Jahrhundert wurden in der Stadt drei Todesurteile vollstreckt. Einer der Verurteilten war 1829 Pfarrhelfer Brehm, der seine Haushälterin geschwängert und das Kind getötet hatte.

Der Letzte, der in Reutlingen hingerichtet wurde, war 1843 der Mörder Michael Häußler. Sieben Jahre später ging das Schwurgericht in die Nachbarstadt Tübingen, wo mit der Guillotine geköpft wurde. Und zwar bis 1949, als in der Bundesrepublik die Todesstrafe abgeschafft wurde.

Phantom mit Geschichte
Von Uschi Kurz

Kleine Sünden, heißt es, straft der Herr sogleich. Es muss also ein großer Sündenfall gewesen sein, welchen die Stadt Reutlingen anno 1972 beging, als sie das Gebäude Oberamteistraße 34 in einer Nacht- und Nebelaktion abreißen ließ. Der tatsächliche Schaden wurde erst Jahrzehnte später deutlich. Aus denkmalpflegerischer Sicht, weil – wie jüngste Untersuchungen ergeben haben – die Häuserzeile in der Oberamteistraße aus dem frühen 14. Jahrhundert stammt und damit zu einer der ältesten in ganz Deutschland zählt. Lediglich die Stadt Esslingen kann ein ähnlich altes Ensemble vorweisen. Aber auch in statischer Hinsicht war der Kahlschlag in den 70er-Jahren eine Katastrophe: Weil dem Fachwerkensemble an der ehemaligen „Gasse beim Zehnthof" seit dem Abriss des mittelalterlichen Steinhauses das Gegengewicht fehlt, geriet der Baukörper mehr und mehr in Schieflage und drohte einzustürzen.

Die Häuser in der Oberamteistraße 28 bis 32 gehören, wie vor dem Abriss die Nummer 34, zu den wenigen steinernen Zeitzeugen in Reutlingen, die 1726 vom Stadtbrand verschont wurden. Wenn die Stadt, in deren Eigentum sich die seit Langem leer stehenden Gebäude befinden, nicht rasch handelt, steht zu befürchten, dass sie bald aus dem Stadtbild verschwunden sind. Obwohl der Erhalt des Kulturdenkmals in der Reutlinger Innenstadt nicht zuletzt aufgrund des Drucks der Denkmalschützer irgendwann außer Frage stand, war lange unklar, was man mit dem „alten Klomb", wie die Gemäuer von einigen Stadträten hinter vorgehaltener Hand genannt wurden, machen sollte. Unterdessen nagte unerbittlich der Zahn der Zeit. Um die schiefe Häuserzeile vor dem Einsturz zu bewahren, wurde das Gebäude 32 Ende 2013 abgesprießt und für viel Geld gesichert. Danach geschah wieder jahrelang nichts, weil sich Stadtverwaltung und Gemeinderat nicht auf die weitere Vorgehensweise einigen konnten. Vorschläge gab es genug. Sie mussten alle verworfen werden, weil sie nicht wirtschaftlich waren.

Was aber tun mit den historischen Gebäuden aus dem Mittelalter, die sich in unmittelbarer Nähe des Heimatmuseums befinden? Der ehemalige Königsbronner Pfleghof (erbaut 1278 als steinernes Haus und später mit einem Fachwerk-Ausbau erweitert), hat ebenfalls den Stadtbrand überstanden. Das Heimatmuseum ist das gelungene Beispiel einer sensiblen Sanierung. Mit seinem lauschigen Garten und der kleinen spätgotischen Kapelle ist es ein wahres Kleinod der Altstadt. Umso schmerzlicher für den Betrachter sind die windschiefen Gebäude in der Oberamteistraße, die sich gleich dahinter befinden.

2015 wurde der Förderkreis Altstadt gegründet, mit dem Ziel, endlich eine zukunftsfähige Lösung für das gefährdete Ensemble zu finden. In einem der mitteltalerlichen Wohnhäuser aus dem Jahr 1320 befindet sich eine gewölbte Bohlenstube – sie ist bundesweit die zweitälteste dieser Art und sollte unbedingt öffentlich zugänglich gemacht werden.

Im Sommer 2016 wurde endlich ein denkmalpflegerischer Rahmenplan erstellt. Dabei wurde das ganze Ausmaß der Schäden

Weil der Kopfbau abgerissen wurde, geriet das mittelalterliche Ensemble in Schieflage. Ein gläserner Neubau soll die Stabilität wieder herstellen und einen Blickfang bilden.

klar. Es wurde deutlich, dass in den sanierten Gebäuden, die der Öffentlichkeit zur Verfügung stehen sollen, aufgrund der Statik nur eine ganz eingeschränkte museale Nutzung (Besichtigung durch kleine Besuchergruppen) möglich sein wird. Die Hoffnung, das stadtbildprägende Ensemble durch den Betrieb des geplanten Neubaus finanziell attraktiver zu gestalten, zerschlug sich ebenfalls: Dieser Kopfbau kann allenfalls der Erschließung der Altbauten dienen, seine vordringliche Funktion aber ist die Sicherung der Statik.

Anfang 2017 schrieb die Stadt einen Architektur-Wettbewerb aus. Die Aufgabenstellung lautete: Wie kann man die Gebäude am besten vor dem drohenden Zusammenbruch bewahren? Und wie könnte ein moderner, aber trotzdem zum Ensemble passender Neubau auf dem Grundstück des abgerissenen Hauses Nummer 34 aussehen? Während die Architekten Ideen für das ungewöhnliche Bauvorhaben entwickelten, untersuchten Archäologen den Untergrund des abgerissenen Kopfbaus und stießen auf eine Überraschung: Einen gut erhaltenen stattlichen Gewölbekeller aus dem frühen 14. Jahrhundert. Sogar die Reste des gotischen Spitzbogenportals, das einst in den Keller führte, wurden freigelegt.

Elf Architektenbüros aus ganz Deutschland reichten schließlich ihre Entwürfe ein. Im Dezember 2017 prämierte eine Jury aus Gemeinderatsmitgliedern, Architekten und anderen Baufachleuten die fünf besten Entwürfe. Gewonnen hat das Stuttgarter Architekturbüro „Wulf Architekten". Ihr kühner Entwurf sieht anstelle der Brachfläche eine Konstruktion ohne Inhalt vor. Diese soll zunächst dafür sorgen, dass das Nachbarhaus abgestützt wird. Dazu wird eine schräge Stützwand angebracht. Um diese Stützkonstruktion herum wird ein Neubau errichtet, der außer der Ummantelung der Trägerwand keine weitere Funktion hat.

„Wie kommt man auf die Idee, ein Haus zu bauen, in dem nichts drin ist?", das fragte sich nicht zuletzt das Preisgericht unter dem Vorsitz des Stuttgarter Architekturprofessors Arno Lederer. Doch schließlich kam es zu der Überzeugung, „dass wir genau das gesucht haben". Errichtet wird der Neubau im Fachwerkstil, er nimmt so die Geschichte des Vorgängers auf. Das Dach und die Fassade sollen komplett mit Biberschwanzziegeln aus Glas gedeckt werden. So entsteht ein Gebäude, durch welches – je nach Lichtverhältnissen – manchmal das Fachwerk durchscheint und manchmal nicht. „Ein Phantom sozusagen", erläuterte der Gewinner Wulf seinen Entwurf: „Denn genau das ist es auch, was von dem alten abgerissenen Gebäude 34 geblieben ist: die Erinnerung."

Der Neubau wird weder gedämmt noch beheizt werden und er hat keinen direkten Eingang. Vielmehr soll eine bereits bestehende Durchfahrt im Nachbargebäude genutzt werden, um in die neue Hausnummer 34 zu gelangen. Dort wird es lediglich einen behindertengerechten Aufzug und eine Treppe zur Erschließung der oberen Stockwerke der Hausnummer 32 geben. Die bestehenden Gebäude 28 bis 30 werden saniert und zum Ausstellungsstück an sich. Wegen des Denkmalschutzes ist eine andere Nutzung ausgeschlossen.

Was das konkret bedeutet? „In den verschiedenen Zimmern und Etagen werden die verschiedenen Epochen nachgebildet, die dieses Haus schon überstanden hat", erklärte Architekt Wulf. Und das ist schließlich eine ganze Menge.

Wie „ehrliche" Totschläger in Reutlingen Asyl bekamen

von Uschi Kurz

Spektakuläre Mordfälle gab es schon immer – und wenn sich die menschliche Spezies nicht grundsätzlich zum Besseren wandelt, wird es solche Verbrechen wohl auch in Zukunft geben. Was es freilich nicht zu jeder Zeit gibt, ist die Möglichkeit, als Totschläger ohne ein ordentliches Gerichtsverfahren von Strafe verschont zu bleiben.

Fast 300 Jahre lang war Reutlingen Freie Reichsstadt, was ihr verschiedene Pflichten und Rechte (Privilegien) einbrachte. Eines dieser Privilegien ist das „Totschläger-Asyl". Es konnte Tätern gewährt werden, die nach einem Totschlag, den sie in einer anderen Stadt begangen hatten, nach Reutlingen flohen.

König Maximilian I. stellte der Reichsstadt Reutlingen am 27. Januar 1495 das Privileg aus, allen „ehrlichen Totschlägern" Asylschutz zu gewähren, damit diese sich vor Bluträchern retten konnten. Selbstjustiz war gang und gäbe, ein ehrliches Gerichtsverfahren eher die Ausnahme. Der Tübinger Ralf Reck hat das 1970 am Institut für Geschichtliche Landeskunde und Historische Hilfswissenschaften in seiner Dissertation „Das Totschläger-Asyl der Reichsstadt Reutlingen 1495 – 1804" untersucht. Dabei ist Reck auf Zustände gestoßen, die rechtsgläubigen Zeitgenossen geradezu abstrus anmuten dürften. Für den mittelalterlichen Menschen aber, das wird aus seiner umfangreichen Arbeit deutlich, war das Totschläger-Asyl ein ganz normaler Vorgang.

Weil über das Totschläger-Asyl in „Asylantenbüchern" fast über den gesamten Zeitraum genau Buch geführt wurde, lässt sich das Thema gut recherchieren. Rund 2500 Totschläger erhielten demnach im Laufe der reichsstädtischen Zeit am Fuße der Achalm Asyl. Es wurde unbefristet gewährt. Wie lange diese von der Gerichtsbarkeit verschonten Verbrecher innerhalb der Stadtmauern von Reutlingen weilten, ist nicht bei allen bekannt. Die meisten von ihnen, schreibt Reck, hätten die Stadt irgendwann wieder verlassen. Sei es, weil ihre potenziellen Bluträcher verstorben waren oder aber, weil sie ihre Familie nicht nachholen durften. Auch die Tatsache, dass die Asylanten in der Regel ihre Berufe nicht ausüben, sondern nur niedere Tätigkeiten als Tagelöhner verrichten durften, trieb manche davon. Die großen Asylantenzahlen im Totschläger-Asyl der Reichsstadt Reutlingen belegen, dass es sich um das größte Asyl in Süddeutschland überhaupt handelte.

Die meisten Asylanten wurden nach Auskunft der Asylantenbücher im 16. Jahrhundert aufgenommen, danach wurden die Kriterien verschärft. Nicht jeder Mörder kam in den Genuss der Haftverschonung. Nur wer seine Tat „ehrlich" begangen hatte, durfte in der Reichsstadt um Asyl nachfragen. Vor einem kleinen Gremium, bestehend unter anderem aus dem Bürgermeister und einem Syndikus (ein rechtskundiges Mitglied des Rats), musste der Asylsuchende den Hergang der Tat schildern. Seine eigene Aussage entschied darüber, ob sein Totschlag als „ungefahrlich" zu werten war, oder ob der Antrag abgewiesen wurde. Natürlich taten Flüchtlinge alles, um ihr Verbrechen in einem möglichst guten Licht erscheinen zu lassen, denn der Rat holte über den Tathergang keine eigenen Erkundigungen am Tatort des Verbrechens ein. Selbst Auslieferungsbegehren auswärtiger Obrigkeiten kam die Stadt in der Regel nicht nach.

Recht auf Asyl hatte, wer seine Tat nicht vorsätzlich oder aber aus einer Notsituation heraus begangen hatte. Wer „aus Hitze des Zorns" – beispielsweise bei einem Duell – gemeuchelt hatte, hatte gute Chancen, in der Reichsstadt sein Dasein weiter in Freiheit fristen zu dürfen. Das Asyl wurde durch einen Eid abgeschlossen, bei dem der Flüchtling mit erhobener Hand versichern musste, dass er die Wahrheit gesagt hatte und ein „ehrlicher Totschläger" war. Für die Aufnahme musste jeder Asylant eine Gebühr von vier Gulden und 30 Kreuzern entrichten, die unter den an der Aufnahme beteiligten Personen aufgeteilt wurde. Für die Stadt selbst zahlte sich das Asyl also nicht in barer Münze aus.

Die Totschläger, die in Reutlingen Schutz suchten und fanden, kamen aus allen gesellschaftlichen Schichten. Bauern, Knechte, Handwerker, aber auch Amtspersonen und Adlige befanden sich darunter. Selbst Geistliche fehlten nicht unter den Totschlägern, schreibt Reck in seiner Dissertation: 1521 und 1573 suchten Pfarrer und 1585 der „Conventualis" des Klosters Obermarchtal um Asyl nach. Ergänzend erwähnt er, dass fünf Frauen das Totschläger-Asyl in Anspruch nahmen und dass der älteste Totschläger ein 63-jähriger Greis und der jüngste ein 10-jähriger Knabe gewesen sei. Die Asylfähigkeit der jüdischen Bürger war umstritten. Während in Augsburg Juden als asylunwürdig galten und die kirchlichen Asyle nicht benutzen durften, wurden ihnen die „Reutlinger Freiheit" in der Theorie zugestanden. Reck schreibt aber, dass nicht belegt werden könnte, ob die Reichsstadt jüdischen Totschlägern tatsächlich Asyl gewährt hätte. In den Protokollen der Asylantenbücher lässt sich jedenfalls kein einziger Jude nachweisen.

204 Personen und damit die meisten Flüchtlinge kamen im Laufe der 300 Jahre aus Tübingen. Selbst in Katastrophenzeiten zog Reutlingen Asylanten an. So kamen beispielsweise 1726 trotz des großen Stadtbrands sechs Schutzsuchende und während der großen Pest in den Jahren 1577 bis 1578 zwei Dutzend

Totschläger in die Stadt. Das Schutzbedürfnis, urteilt Reck, sei wohl größer gewesen als die Angst vor dem Schwarzen Tod.

Wer in Reutlingen Asyl bekam, musste sich an ein strenges Regelwerk halten. Den Asylanten wurde ein Waffen- und Wirtshausverbot auferlegt. Die Wohnungssituation war wenig komfortabel, die meisten der Totschläger mussten in Asylantenheimen wohnen und nur wenige durften ihre Familien nachholen. Die Verhängung des Waffen- und Wirtshausverbotes machte übrigens durchaus Sinn, denn eine große Anzahl der Mordtaten wurde in Kneipen während der Zecherei begangen oder danach auf dem Heimweg.

Nicht alle Asylanten hielten sich an das Kneipenverbot, und so war es durchaus möglich, dass man im Wirtshaus sein Bier in Gesellschaft eines „ehrlichen" Mörders trank. Es sind Fälle bekannt, in dem die Asylanten nichts Besseres wussten, als in Reutlingen wieder Schlägereien anzuzetteln.

Was aber geschah mit den armen „ehrlichen" Totschlägern, die in der Stadt Reutlingen selbst „in leidigem Zustand" einen anderen Menschen erschlagen hatten? Auch für sie gab es Hilfe in der Not. Totschlägern, die ihre Tat in den Grenzen der Freien Reichsstadt verübt hatten, stand das Asyl des Franziskanerklosters offen, das die Stadt 1533 ausdrücklich anerkannte. Oder aber sie flüchteten in die benachbarte Landstadt Pfullingen, die Auswärtigen ebenfalls „Totschlägerfreiheit" gewährte. Aufgenommen wurde, „wer ein aufrechter und redlicher Totschläger war, der aus Zorn und nicht aus Hinterlist oder aus Anreizen anderer die Tat begangen hatte".

Der Reutlinger Rat war mit dem Asyl in Pfullingen freilich nicht einverstanden und versuchte jahrelang gegen die Pfullinger Totschlägerfreiheit anzugehen. Angeblich, so lautete der Vorwurf, sei dieses Recht durch kein Privileg gerechtfertigt und schließlich, so kritisiert der Reutlinger Rat in einem Schreiben an den Herzog, sei es unzulässig, „dass sich eine Stadt ihr Privileg selbst verleihe". Tatsächlich musste die Stadt Pfullingen Ende des 18. Jahrhunderts ihr Asyl auf Weisung von Herzog Karl einstellen.

In Reutlingen aber liefen die Totschläger weiterhin frei herum. Obwohl Herzog Friedrich II. am 28. Mai 1804, kurz nachdem er zum Kurfürsten erhoben worden war, die Aufhebung der Asyle verfügte, nahm diese Praxis in Reutlingen kein rasches Ende. Zwar lässt sich nicht nachweisen, dass nach dem kurfürstlichen Verdikt neue Totschläger aufgenommen wurden, aber in der Oberamtsbeschreibung von 1824 heißt es: „und noch auf den heutigen Tag leben Asylanten in Reutlingen".

Ein Bärendienst im Wirtshaus „Bären"

von Thomas de Marco

Nicht selten haben sich in Kneipen Familienschicksale entschieden, wenn der Mann Haus und Hof versoffen hat. In Reutlingen hat es sogar ein Wirtshaus gegeben, das die Geschichte der ganzen Stadt nachhaltig beeinflusste. Diese unterstand seit dem 13. Jahrhundert als Freie Reichsstadt direkt dem deutschen Kaiser, rundherum war württembergisches Ausland. Selbst der heutige Reutlinger Hausberg, die Achalm, war fremdes Territorium. Von dort ritt am 18. Januar 1519 der Burgvogt mit seiner Frau herunter, um in der Freien Reichsstadt Geschäfte zu erledigen und hinterher im Gasthof „Bären" am Marktplatz einzukehren – mit fatalen Folgen. Denn dort hatte sich unter den Zechern große Wut aufgestaut, weil Herzog Ulrich von Württemberg einige

Reutlinger, die beim Wildern in seinen Wäldern erwischt worden waren, gefangen genommen hatte. Deren Angehörige wie auch der Reutlinger Rat baten vergebens um die Freilassung der Wilddiebe. Im „Bären" saßen nun zwei Papiermacher, die mit den Gefangenen befreundet waren. Da kam der Burgvogt gerade recht: Berauscht vom Wein baute sich einer der beiden vor dem Tisch auf, an dem der Vogt mit seiner Gemahlin saß, und beleidigte den Vertreter des Herzogs von Württemberg heftig.

Der Vogt protestierte lautstark dagegen, dass er in einem Gasthaus derart behelligt wurde. Ein Wort gab das andere, die beiden Reutlinger Papiermacher stritten sich heftig mit dem Württemberger und auf einmal lag der Burgvogt erstochen auf dem Boden. Ein Bärendienst für die Stadt, das war den entsetzten Gästen im Wirtshaus wie dem schnell informierten Reutlinger Rat sofort klar. Aus Furcht vor Vergeltung durch den unbeherrschten Herzog wollten die Bürgermeister die beiden Papiermacher im „Bären" festsetzen, doch die waren dank der Hilfe einiger Bürger bereits geflohen. Die Männer genossen das Reutlinger Asyl in einem nahe gelegenen Kloster: Totschlägern, die ihre Tat ohne Vorsatz verübt hatten, wurde an dieser Freistätte Asylschutz garantiert. Ein Privileg, das der Stadt erst 24 Jahre zuvor vom Kaiser verliehen worden war.

Erst am nächsten Tag erfuhr der Herzog durch einen Boten vom Tod seines Burgvogts und war außer sich vor Wut. Sofort stellte er ein Heer auf, das die Freie Reichsstadt einnehmen sollte. Die Bluttat kam ihm durchaus gelegen, denn schon lange hatte es der württembergische Herzog auf die Freie Reichsstadt abgesehen. Aber so einfach, wie Herzog Ulrich erwartet hatte, war dieser Waffengang nicht. Die Reutlinger waren gut vorbereitet: Sie hatten die Zugangsbrücken zerstört, die Stadttore verbarrikadiert und alle Häuser außerhalb der Mauern niedergebrannt,

Das Tübinger Tor, eines der beiden Stadttore aus dem Mittelalter. Am 28. Januar 1519 wurde die Stadt von den Truppen des Herzogs von Württemberg eingenommen.

damit die Angreifer im kalten und schneereichen Januar keine Rückzugsmöglichkeit haben sollten.

Aber die Übermacht des württembergischen Heeres war erdrückend. Zudem dachten weder der Schwäbische Städtebund noch die anderen Reichsstädte daran, den belagerten Reutlingern zu helfen. Auf Bitten der Bevölkerung übergab der Rat am 28. Januar die Stadt an den Herzog – zehn Tage nach der verhängnisvollen Bluttat im „Bären". Der württembergische Herrscher verlangte nicht nur die kaiserlichen Freibriefe und das Stadtsiegel, sondern auch die Überstellung der beiden Papiermacher, die den Burgvogt von der Achalm auf dem Gewissen hatten. Letzteres gelang nicht, denn als der Herzog zum einen Stadttor eingeritten war, hatten die Totschläger die Stadt durch ein anderes bereits verlassen.

Die Reutlinger Bevölkerung aber musste für deren Bluttat büßen: Der Herzog ließ überall in der Stadt die kaiserlichen Wappen entfernen und durch württembergische Hirschhörner aus Blech ersetzen, vor denen die Einwohner salutieren mussten. Daran erinnert noch heute die Kneipe „Zum Hischhönle" in der Altstadt: Ihr Wirtshausschild zeigt ein Geweih. Der Name des Lokals verweist zudem darauf, dass den Reutlingern in jener Zeit nachgesagt wurde, das „r" nicht richtig aussprechen zu können.

Der Spuk der Besatzung währte für die Reichsstädter allerdings nur vier Monate. Endlich wachte der Schwäbische Städtebund, zu dem Reutlingen gehörte, auf und ließ sich die Provokation durch den württembergischen Herzog nicht länger gefallen: Der Bund marschierte in Württemberg ein, Reutlingen war wieder Freie Reichsstadt und Ulrich floh nach Hessen zu seinem Vetter, dem Landgrafen Philipp dem Großmüthigen. Erst nachdem sich der Schwäbische Städtebund 1531 aufgelöst hatte, konnte Herzog Ulrich mit der Hilfe seines Vetters Württemberg zurückgewinnen: Ihr Heer schlug drei Jahre später die kaiserlichen Soldaten bei Lauffen am Neckar.

Das Wirtshaus „Bären", wo alle diese kriegerischen Auseinandersetzungen ihren Ausgang genommen hatten, gibt es schon lange nicht mehr. An seiner Stelle hat am Reutlinger Marktplatz eine Sparkasse ihren Sitz. Die Erinnerung an den Bärendienst, den die beiden rabiaten Papiermacher ihrer Stadt im „Bären" geleistet haben, ist jedoch lebendig geblieben: Bei historischen Kneipenführungen wird gerne die Geschichte vom Burgvogt der Achalm, der seine Einkehr in der Freien Reichsstadt mit dem

Leben bezahlte, erzählt. Dabei erfahren die Gäste außerdem, dass sich die Bevölkerung der Stadt in den Kneipen prinzipiell wohlfühlte. Der Reutlinger neige zu Geselligkeit und Wirtshausbesuchen, heißt es in einer späteren Oberamtsbeschreibung. Auf jeden Fall ist die Einkehr heute wesentlich ungefährlicher als vor knapp 500 Jahren im „Bären".

Ausflug in die Reutlinger Unterwelt
von Uschi Kurz

Was wäre ein Buch mit schaurig-schönen „Dunklen Geschichten aus Reutlingen" ohne einen Ausflug in die Unterwelt? Nein, nicht in die kriminelle, sondern in die echte Unterwelt. Hat die doch in Reutlingen etwas ganz Besonderes zu bieten: die Ringdole. Diese gemauerte Ringdole, erklärt Jürgen Hörsch, Meister für Rohr-, Kanal- und Industrieservice bei der Stadtentwässerung Reutlingen, ist der älteste Kanal Reutlingens, der nach wie vor in Betrieb ist. Sie wurde 1870 im Bereich des früheren Stadtgrabens aus den Überresten der ehemaligen Stadtmauer erstellt. Als die Stadt sich weiter ausbreitete, wurde der Stadtgraben ausgemauert und zu einem Abwasserkanal umfunktioniert, der rund um die Altstadt führte. Mittlerweile ist der Ring unterbrochen. Aber 600 Meter des alten Kanals werden weiterhin als Abwasseranlage genutzt und müssen – wie das restliche 600 Kilometer lange Kanalnetz der Stadt Reutlingen – regelmäßig überprüft und, falls erforderlich, saniert werden. Bei einem dieser Kontrollgänge dürfen wir dabei sein.

Das runde Einstiegsloch unter dem Kanaldeckel ist eng und gibt einen Blick in die dunkle Tiefe frei. Und da sollen wir durchpas-

Gerhard Weiblen beim Kontrollgang in der Reutlinger Ringdole.

sen? Doch nun gibt es kein Zurück mehr. Wir schlüpfen in den weißen Einweg-Schutzanzug und schon sehen wir aus wie die Leute von der Spurensicherung beim „Tatort". Jeder streift eine schwere Schutzweste über und zieht einen Helm auf. Zuletzt werden zwei Seile an der Sicherheitsweste eingehakt und es kann losgehen. Gesichtert von zwei Helfern an der Oberfläche hangeln wir uns über Steigeisen, die in die alte gemauerte Kanalwand eingelassen sind, etwa drei Meter in die Tiefe. Unten erwartet uns Gerhard Weiblen, ein „staatlich geprüfter Kanalarbeiter", wie er scherzhaft meint. Die Ringdole ist an dieser Stelle gut zwei Meter hoch. In der Mitte fließt ein kleiner Bach, es plätschert. Weil es gerade regnet, ist das Wasser relativ klar. Auch der Gestank hält sich in Grenzen. Der Streckenabschnitt wurde zuvor mit dem Spülfahrzeug gereinigt.

Vor den Kontrollgängen wird Frischluft durch die Ringdole geblasen. Dadurch soll sichergestellt werden, dass die Arbeiter in dem Kanal nicht auf Schwefelgas oder Kohlenmonoxid treffen. Über einen Fühler wird Luft im Kanal angesaugt, deren Inhaltstoffe im Spezialfahrzeug, das oben wartet, ausgewertet werden. Zudem führt Weiblen ein Gaswarngerät mit sich, das ab und zu piept. „Das bedeutet, dass es funktioniert", beruhigt der Profi. „Aber wenn der Ton durchgängig ist, gibt es nur noch eines: Sofort raus hier." Dass sich Faulgase bilden, komme regelmäßig vor, erzählt Weiblen. Keiner seiner Kollegen geht deshalb ungesichert oder ohne Gasmesser in die Tiefe. Und man arbeitet immer zu zweit. Die Sicherheit des Personals hat höchste Priorität. Im Kanal, heißt es, gebe es keine Verletzten, nur Tote. Faulgase können nicht nur explodieren, sondern führen ebenso zur Besinnungslosigkeit. Früher wurden deshalb, wie beim Bergbau, Kanarienvögel mit in die Unterwelt genommen.

Breitbeinig wagen wir uns etwas tiefer in die Dunkelheit. Die Ringdole ist nicht überall so komfortabel hoch, dass man stehen

Nicht immer sieht der alte Abwasserkanal so sauber aus. Vor dem Ausflug in die Reutlinger Unterwelt wird der Streckenabschnitt gereinigt.

Wieder an der Oberfläche. Nie hat frische Luft so gut gerochen.

kann. Es gibt Stellen, da ist der Kanal so groß wie ein Gewölbekeller. An anderen Stellen kommt man nur gebückt durch. Über 100 unterschiedliche Kanalprofile mit Höhen zwischen 1,35 und 2,00 Metern sowie 65 Zentimeter bis 1,50 Meter Breite gibt es. Die Abstände von einem Einstiegsschacht zum nächsten betragen bis zu 200 Meter. Das würde aus Sicherheitsgründen heute nicht mehr genehmigt. An manchen Stellen läuft das Abwasser in dem alten Gemäuer durch Rohre in der Wand in den Kanal. Wenn es rauscht, hat man angeblich drei Sekunden Zeit, sich in Sicherheit zu bringen. Während unseres Aufenthalts rauscht es nicht, aber wir lernen die Bewohner der Unterwelt kennen. „Da sehen Sie mal", Weiblen leuchtet den Kanal entlang. Sein Lichtkegel trifft eine Ratte. „Und da wartet ihr Mittagessen." Einige Meter vor uns liegen Speisereste, die jemand ins Klo oder in den Abfluss gespült hat. Das sei zwar verboten, meint Weiblen, komme aber ständig vor. Geblendet von seinem Licht, zieht sich das Tierchen zurück. Das nächste lässt nicht lange auf sich warten. Eine Faustregel lautet, dass auf jeden Einwohner einer Stadt angeblich eine Ratte kommt.

Und eine weitere spannende Information erfahren wir von Weiblen. An manchen Stellen der Ringdole gibt es zugemauerte Türöffnungen. Von einigen Häusern konnte man früher wohl direkt in das Kanalsystem gelangen. Der Filmklassiker „Der dritte Mann" kommt mir in den Sinn. Der flüchtige Verbrecher Harry Lime hätte seine wahre Freude gehabt. Dass die Ringdole unter dem Reutlinger Amtsgericht und einer Bank verläuft, birgt Stoff für weitere schaurige Fantasien.

Aber dann ist unser Ausflug schon zu Ende. Als ich mit kräftiger Unterstützung mühsam wieder an die Oberfläche krabble, macht sich bei mir etwas Erleichterung breit. Nie hat die frische Luft so gut gerochen. Für das Kanalarbeiter-Team von Jürgen Hörsch sind die Ausflüge in die Reutlinger Unterwelt übrigens viel seltener als man annehmen sollte: „99 Prozent unserer Arbeit spielt sich an der Oberfläche ab." Moderne Technik macht es möglich.

Schwarzriesling an der Sommerhalde
von Uschi Kurz

Im Wein, so heißt es, liegt die Wahrheit. Aber manchmal dauert es ganz schön lang bis die Wahrheit ans Licht kommt. Im Falle der Reutlinger Sommerhalde ganze 15 Jahre. Seit 1991 versuchte der Reutlinger Gerhard Henzler beharrlich einen Traum zu verwirklichen: Auf seinem Grundstück am Schönen Weg mit dem Flurnamen „Sommerhalde" wie anno dazumal Wein anzubauen. Doch lange sah es so aus, als würden sich die dunklen Wolken, die über dem ambitionierten Projekt schwebten, nie verziehen. Jahrelang kämpfte Henzler gegen Bauverordnungen der Stadt, gegen das Regierungspräsidium und später das Stuttgarter Landwirtschaftsministerium, welche die Anpflanzungsrechte eng auslegten. Auch von den strengen Anbaurichtlinien der EU ließ sich der Hobby-Wengerter nicht abschrecken.

2001 war es dann endlich so weit: Nachdem die Weinbauverordnung geändert worden war, durfte Henzler die alte Tradition an seinem sonnigen Hang unter dem Reutlinger Hausberg Achalm wiederaufleben lassen. Eine Tradition, die jahrhundertelang eng mit der Geschichte Reutlingens verknüpft war. Nahezu die Hälfte der Reutlinger Bevölkerung war zu reichstädtischen Zeiten an der Weinproduktion und dessen Vertrieb beteiligt. Bereits bei der Stadtgründung von Reutlingen wurde an den Hängen Wein angebaut. Im Laufe der Jahrhunderte wurde die Rebfläche ständig erweitert, obwohl der „Reutlinger" keinen allzu guten Ruf hatte. Die Weingärtnerzunft wurde die zahlenmäßig stärkste Zunft in Reutlingen. Anders als beispielsweise die Bäcker, Metzger oder Gerber durften die Weingärtner kein anderes Handwerk betreiben, sie mussten ausschließlich vom Weinbau leben. Umso wichtiger waren für sie die Besenwirtschaften. Andererseits durften Handwerker und Krämer ihr Geld in Rebflächen anlegen und so waren sie oft Besitzer der größten Weinberge.

Wein gab es also reichlich im alten Reutlingen. Das übermäßige Trinken war aber verboten. Zu viel, schreibt Hans Kungl in seiner „Geschichte der Gaststätten in Reutlingen", (Reutlinger Geschichtsblätter 1978), hatte freilich nur der getrunken, der sich übel aufführte. 1777 wurde ein Weingärtner vom Reutlinger Rat wegen „übel Aufführung und übermäßigem Trinken" zu einer Prügelstrafe verurteilt. Die Sorge des Rats kam übrigens nicht

In einer Mulde am sonnigen Südhang der Achalm gelegen, reift die Sommerhalde von Gerhard Henzler.

von ungefähr: Die meisten Prügeleien und Mordstaten geschahen beim Zechen in den Kneipen oder hinterher, wenn sich die Betrunkenen auf den Heimweg begaben.

Vor allem in der Albstraße reihte sich eine Wirtschaft an die andere. Die Albstraße, die längste Straße außerhalb der Stadtmauer, blieb vom großen Stadtbrand nahezu unversehrt. Als Verbindung von Reutlingen nach Eningen und Pfullingen war sie für Becken- und Gastwirte besonders interessant. Gemessen an der Zahl ihrer Beckenwirtschaften, schreibt Kungl, hätte sie besonders in der Reichsstadtzeit eigentlich als Hauptstraße gelten und „Weinstraße" heißen müssen. Und obwohl mittlerweile viele der alten Gasthäuser längst abgerissen wurden, sind in der Albstraße bis heute überdurchschnittlich viele Lokale angesiedelt.

Doch zurück zum eingangs erwähnten Hobbywinzer Gerhard Henzler, der schließlich in Reutlingen seinen Traum vom eigenen

Wengert verwirklichen konnte. Damit seine Sommerhalde kein Sauerampfer wird, nahm er professionelle Hilfe in Anspruch und wählte Sorten aus, die für die Reutlinger Hanglage besonders geeignet schienen: Portugieser, Spätburgunder, Schwarzriesling, Müller-Thurgau und Chardonnay, so meinten die Experten, werden an der „Sommerhalde" am besten gedeihen. An der „echten Sommerhalde", wie Henzler nicht müde wird zu betonen, denn der Rebensaft, der in 100 Meter Luftlinie entfernt am Städtischen Weinberg gedeiht, firmiert zwar unter demselben Namen, ist aber eigentlich auf einem anderen Flurstück gelegen.

Und weil Gerhard Henzler und seine Frau Gudrun das Unternehmen „Sommerhalde" nicht allein stemmen wollten und konnten, gründeten sie die Initiative „Reutlinger Wein", mithilfe derer sie Paten gewannen, die ebenfalls Wein anbauen mochten. Die Weinliebhaber leasen Rebstöcke und halten so das private Weingut und den guten Tropfen am Laufen.

Die Hartnäckigkeit, mit der Henzler sein Ziel verfolgte, erinnert ein wenig an die Verbissenheit, mit der schon die alten Wengerter an Achalm und Georgenberg ihrem Gewerbe nachgingen. Obwohl der in Reutlingen kredenzte saure Rebensaft jahrhundertelang als grottenschlecht verunglimpft wurde, ließen sie nicht von ihm ab. Am Schönsten wurde diese Halsstarrigkeit wohl von der ersten Reutlinger SPD-Landtagsabgeordneten Laura Schradin beschrieben. Die Wengertertochter sagte 1920 über ihren Vater, sie habe ihm oft erklärt, „dass er mit demselben Eigensinn am Georgenberg Orangen und Zitronen pflanzen könnte". Der alte Herr aber blieb beim Wein. Wein(bau), so scheint es, macht halt doch süchtig.

Weitere Bücher aus der Region

Liebenswertes Reutlingen
Markus Niethammer, Mirjam Pfrang
Farbbildband deutsch / english / français
72 Seiten
ISBN 978-3-8313-2505-4

**Schwäbische Weihnachts-
geschichten**
Manfred Eichhorn
80 Seiten, zahlr. schw./w. Fotos
September 2017
ISBN 978-3-8313-3002-7

**Schwaben –
Die Gerichte unserer Kindheit**
Rezepte und Geschichten
Brigitte Fries
128 Seiten, zahlr. Farbfotos
ISBN 978-3-8313-2202-2

Das alte Stuttgart in Farbe
Henning Jost
Farbbildband, 96 Seiten
ISBN 978-3-8313-3216-8

Wartberg-Verlag GmbH
Im Wiesental 1   34281 Gudensberg
www.wartberg-verlag.de

Bücher für Deutschlands Städte und Regionen
Tel. 0 56 03 - 93 05 0
Fax. 0 56 03 - 93 05 28